# 浅田真央
# さらなる高みへ

吉田 順[著]

Gakken

2008年12月全日本選手権(18歳)

バレエレッスン(3歳ごろ)

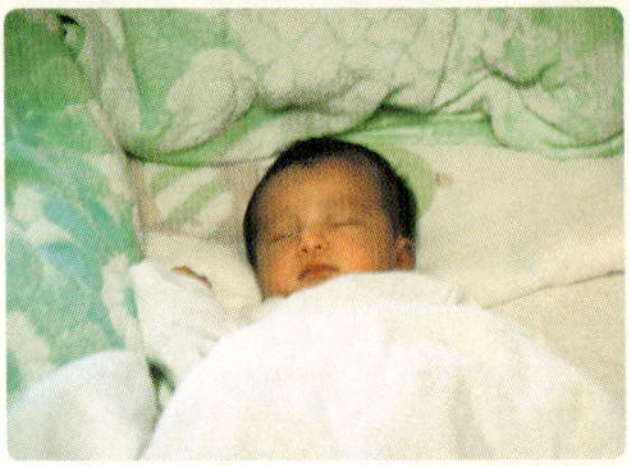

1990年9月、生まれて間もないころ(0歳)

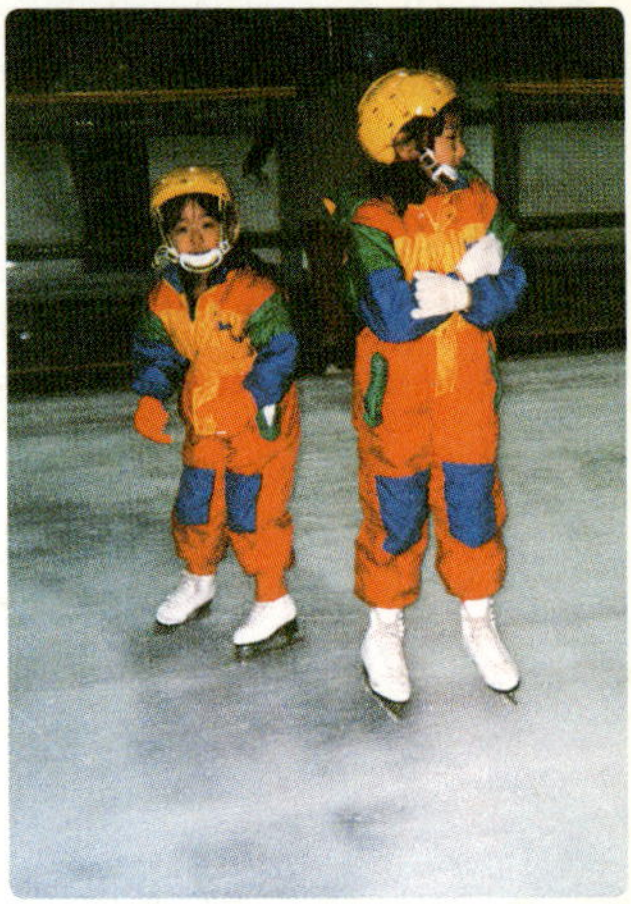

スケートを始めたころ(5歳)

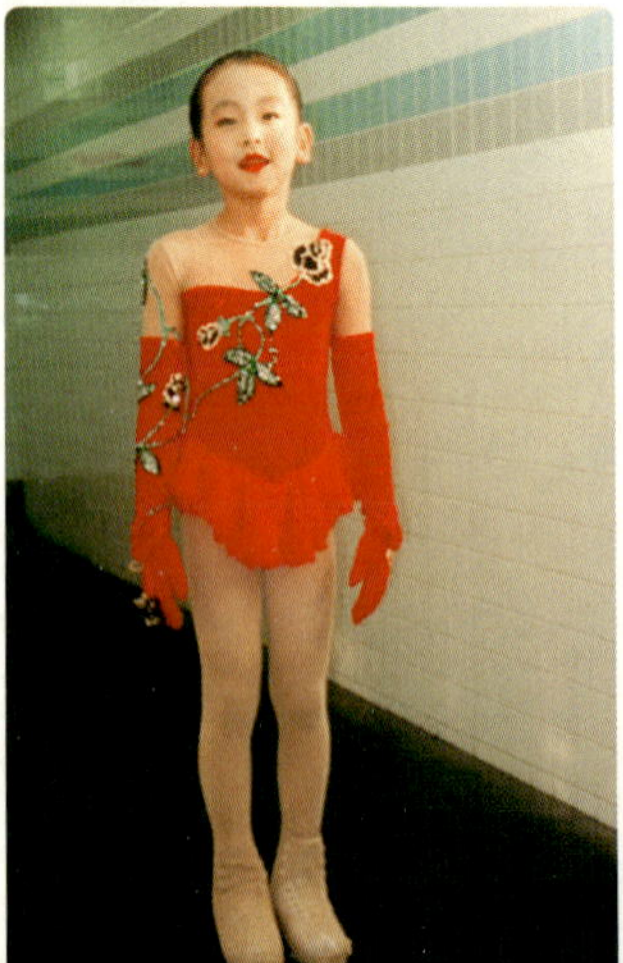

小学校低学年のころ

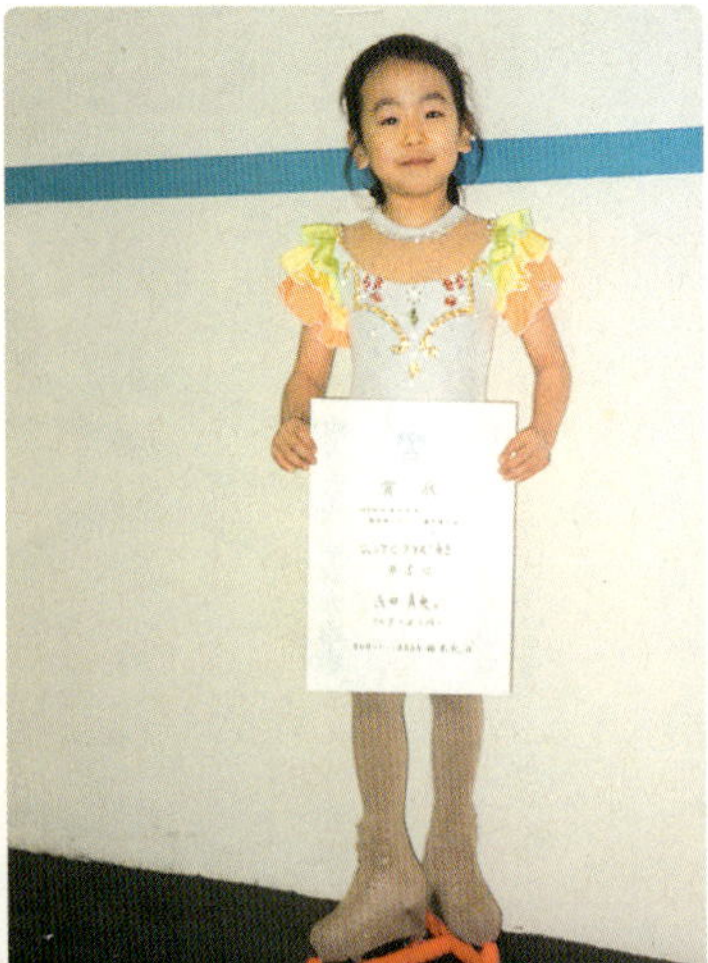

1997年2月、初めての試合(6歳)

7歳のころ

2010年バンクーバー五輪。
ショートでパーフェクトな演技を見せる

2008年全日本選手権（18歳）

2009年全日本選手権（19歳）

2008年タチアナコーチと（17歳）

2010年初夏、17年ぶりに訪れたハワイにて（19歳）

2008年世界選手権（17歳）

2010年フランス大会。佐藤信夫コーチと（20歳）

2003年野辺山合宿。姉の舞と

2004年全日本選手権(14歳)

2003年野辺山合宿(12歳)

2004年Jr.グランプリファイナル(14歳)

2005年フランス大会。樋口美穂子コーチと(15歳)

2007年、イベントでエアロと"共演"(16歳)

2006年NHK杯(16歳)

2010年バンクーバー五輪。
銀メダルを手に、観客に笑顔で応える

浅田真央

さらなる高みへ

# 序

冷たい風の真ん中を、スピードを上げて突き進む。
全身の熱気と氷の軌跡《きせき》を背後に残して。
もっと強く、もっとしなやかに。
ただひたすらに、前へ。

浅田真央、20歳。
その人生は、穏《おだ》やかなほほえみとともに始まった。

もくじ

**取材協力**（敬称略）
浅田真央　浅田匡子　浅田舞
和田麻里子（ＩＭＧ）
越智久美子　菊池像起（越智インターナショナルバレエ広報）
中島園江（『バレリーナへの道』編集長）　横地八枝子
山田満知子　樋口美穂子　伊藤みどり
小塚嗣彦　長久保裕　河野由美　岡崎真
佐藤信夫　小林れい子
久野剛生、久野千嘉子（愛知県スケート連盟）
日本スケート連盟　新横浜プリンスホテル

**写真提供**
浅田匡子　和田麻里子（ＩＭＧ）
フォート・キシモト　アフロフォトエージェンシー
ゲッティイメージズジャパン　朝日新聞社
菅原正治、田中宣明（ジャパンスポーツ）

**編集協力**
秋下幸恵　佐藤玲子　高木直子　伊東玲子
岩崎美穂　山田暢彦

**装丁**　Malpu Design（清水良洋）
**本文デザイン**　Malpu Design（佐野佳子）

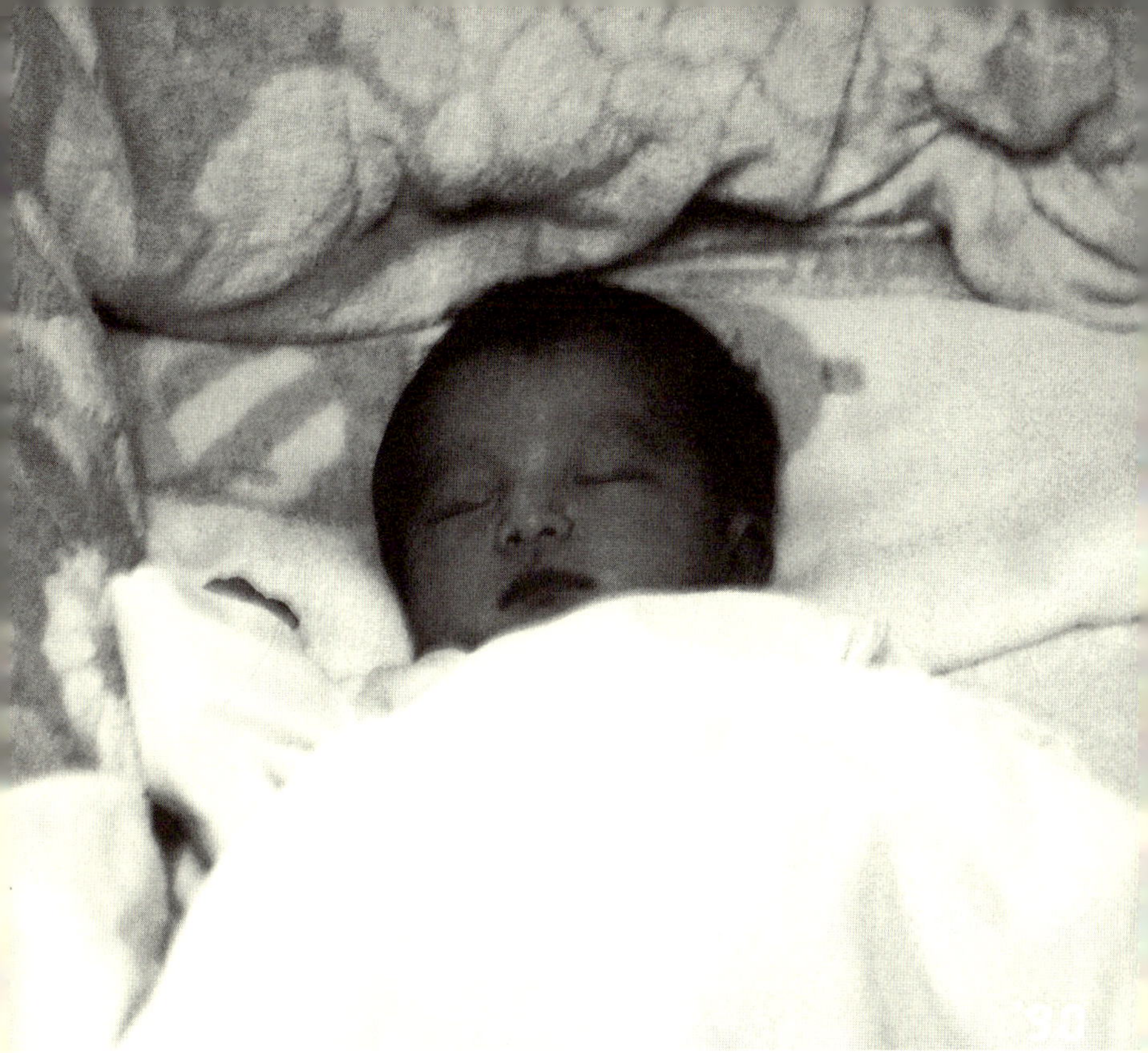

第1章

# 笑顔の誕生

## 笑顔《えがお》の誕生《たんじょう》

「わあ、この子、もう笑ってる！」

浅田匡子《あさだきょうこ》は、生まれたばかりの我が子を抱きしめて言った。

生まれたばかりだというのに、女の子の口もとは柔《やわ》らかくほほえんでいた。ふわりとした巻き毛、白い産着《うぶぎ》に包まれたその姿を、匡子《きょうこ》は「まるで天使のよう」だと感じた。

1990年9月25日正午過ぎ。浅田真央《まお》は、愛知県名古屋市《あいちけんなごやし》に生まれた。母・匡子《きょうこ》が義《ぎ》理《り》の妹の車に揺《ゆ》られて病院に到着してから、わずか3時間のスピード出産だった。

真央は、おそらくは本来の出産日よりも長く、母のお腹《なか》にとどまっていた。胎盤《たいばん》の状態を見た担当医は、「もう少し早めに生まれてくるはずだった」と母に告《つ》げている。

この誕生《たんじょう》の時期については、のちにトリノ・オリンピックの年齢規定の問題で大きくクローズアップされることになる。ただし、それはまだ15年も先の話。このときの浅田家にあったのは大きな喜びと祝福《しゅくふく》だった。

真央は、なんとも不思議《ふしぎ》な赤ん坊だった。むずかることがほとんどなく、いつもニコニコと機嫌《きげん》がよい。泣くときも「フミャーフミャー」と、まるで母に語りかけるようだった。

数か月もすると、お腹《なか》がすけば自分で哺乳瓶《ほにゅうびん》を手に取り、満足すればすーっと眠ってしまうようになった。育てやすい子ども。その笑顔《えがお》を見つめながら母は思った。

「この子には、ずっと笑顔《えがお》のままでいてもらいたい」

## 広がる遊び場

子どもが笑顔《えがお》でいるのは、なんといっても遊んでいるときだ。だから母は、真央をさまざまな場所に遊びに連れ出した。近所の公園、遊園地、牧場。1歳になると、遊び場に幼《よう》児《じ》教室が加わった。遊具《ゆうぐ》もあるし友だちもいる。真央は幼児《ようじ》教室が大好きだった。

真央は、合計で4つの幼児《ようじ》教室と幼稚園《ようちえん》に通った。それは引っ越《こ》しの都合だけでなく、母が「多くの出会いを通して、幅広《はばひろ》い経験を積《つ》ませたい」と考えたからだった。

自然児教育をモットーとする『太陽っ子学園』では自然と触《ふ》れ合い、野山を駆《か》け回って遊んだ。知育《ちいく》教育をテーマに掲《かか》げる『トムソーヤ』では、パズルの面白さに夢中になった。

最後に通ったアメリカン・スクール付属《ふぞく》の幼稚園《ようちえん》には、名古屋《なごや》グランパスのサッカー選手だったストイコヴィッチの子どもなど、海外の子どもたちも多く通っていた。

会話は片言《かたこと》の英語。それでも、「ハロー、マイネームイズ、マオ」と笑顔《えがお》であいさつすれば、誰《だれ》とでも友だちになれた。

夏の特別授業では、ハワイにも行った。姉の舞《まい》が1年先に通っていたから、真央も2歳から4歳まで、3年連続でハワイを訪れている。抜けるような青空、さわやかな潮風《しおかぜ》を感じながら家族で遊んだ砂浜は、最も古い記憶《きおく》として今も、真央の心に刻《きざ》まれている。

海外旅行といえば、2歳のときには韓国《かんこく》にも行った。韓国《かんこく》旅行は、舞がテレビ番組の仮装《かそう》大会で優勝して獲得《かくとく》した賞品だった。

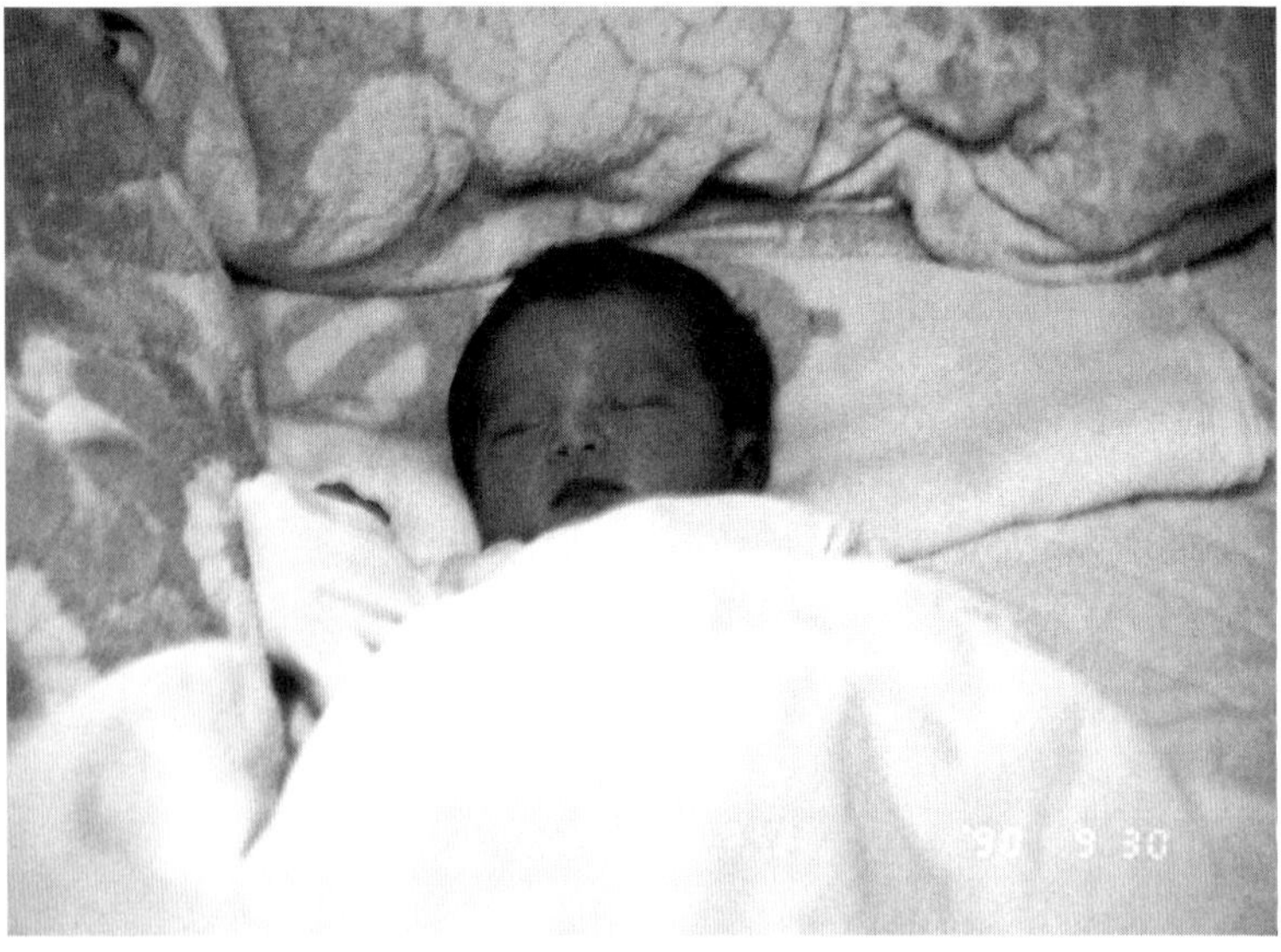


生まれて間もないころの真央

浅田匡子提供

広がり続ける真央の遊び場。その一つひとつが、真央の好奇心《こうきしん》を育《はぐく》んでいった。その好《こう》奇心《きしん》はやがて、新たな遊び場へと向かう。習い事の教室である。

## クラシックバレエ

フィギュアスケートを習う前に、真央はさまざまな習い事を体験している。ジャズダンス、器械体操《きかいたいそう》、英会話。「習い事」と聞いて多くの人が思い浮かべるのは、「親からの強制」というイメージだろうか。でも真央にとっての習い事は、そのイメージとは真逆《まぎゃく》だった。

真央にとっては習い事もまた遊びにすぎなかったし、母もそのつもりで習わせていた。遊びでいい、思い切り遊びながら、ずっと続けられるような大好きなものを見つけてほしいというのが、母の考えだった。だから、休むのもやめるのも真央の自由。逆に、望めば、思う存分追求できた。朝食のときの母子の会話も、いつもこんなふうに始まった。

「真央、今日は何して遊ぶの？」

「今日はね、器械体操《きかいたいそう》をして遊ぶ」

ところで、母は、自分でも若いころにバレエダンサーを本気で目指したほどのバレエ好きだった。真央の姉に「舞」と名づけたのも、京都祇園祭《きょうとぎおんまつり》の日に生まれたこととももう一つ、母のバレエ好きに由来《ゆらい》している。そんな母の思いもあって、真央の一番最初の習い事は、3歳から始めたクラシックバレエになった。

遊びで始めたとはいえ、真央が通った『越智《おち》インターナショナルバレエ』は、かなり本格的なバレエ教室だった。講師《こうし》はバレエの本場であるロシアから招かれた著名《ちょめい》なバレエダンサー、レッスンも〝ロシアン・メソッド〟に沿って行われる。

真央を指導した越智久美子《おちくみこ》も、アンナ・パブロワ賞という国際的な賞を日本最年少で受賞したほどの世界的なダンサーだった。

遊びのつもりだったから、習い始めのうちは練習用のバーにぶらさがって「真央ちゃんはお猿《さる》さんじゃないでしょ」と先生に叱《しか》られたこともあった。けれども、しばらくすると真央の練習態度は変わった。

立ち方、歩き方、ポーズの取り方。できなかったことができるようになると、「もっとうまくなりたい」と思うようになった。

先生が教えてくれる言葉に真剣《しんけん》に耳を傾《かたむ》ける。ちょっとした練習の合間にも、習ったばかりのポーズやステップを、自分なりに復習する。越智《おち》先生の記憶《きおく》でも、真央は「とても

## 第1章
# 笑顔の誕生

真面目《まじめ》な生徒」だった。

そんな真央に、生まれて初めての舞台《ぶたい》が巡《めぐ》ってくる。発表会のソロの舞台《ぶたい》である。真央が演じたのは黒い子猫《こねこ》の役。母がデザインしたシッポつきの衣装を着て、真央は初めてスポットライトを浴びた。

自分を見つめる大勢の観客の視線。緊張《きんちょう》のせいで、真央の動きはカチンコチンだった。不安になって、舞台袖《ぶたいそで》の越智《おち》先生を何度も見てしまう。それでも習った通りに、なんとか最後まで踊《おど》り切る。

舞台袖《ぶたいそで》に駆《か》け戻ると、客席から大きな拍手《はくしゅ》が聞こえてきた。緊張《きんちょう》していたことなどすっかり忘れて、嬉《うれ》しい気持ちが広がった。フィギュアスケートに出会う2年も前の話だった。

その後、真央は12歳までの9年近く、バレエの舞台《ぶたい》に立ち続けることになる。その中にはソロの舞台《ぶたい》だけでなく、集団で踊《おど》る群舞《ぐんぶ》もあった。

のちに真央がフィギュアスケーターとして演ずることになる『くるみ割り人形』は、バレエ教室の年末恒例《こうれい》の群舞《ぐんぶ》で、毎年踊《おど》っていた演目《えんもく》だった。

真央は言う。

「バレエには、フィギュアスケートと似たところがたくさんあるんですよ。すごく影響《えいきょう》を

バレエレッスン。3歳のころ。バレエ雑誌の取材で偶然に撮影されたもの　浅田匡子提供

受けていますし、習っていてよかったなって今でも思いますね」

遊びとして始めたバレエ。それでも、バレエで培《つちか》ったさまざまな体験は、本人も気づかぬうちに、フィギュアスケーター浅田真央の土台を作り上げていた。

## フィギュアスケートとの出会い

真央が5歳のときだった。母は、アメリカン・スクールに通っていた真央の友だちがフィギュアスケートを習っていることを知る。母は真央に尋《たず》ねた。

「真央もスケート、やってみたい？」

「うん」

断る理由はどこにもなかった。母からの提案はいつだって、遊びの誘いだったから。スケートを習っているという友だち、そして母、舞とともに、真央はさっそく、自宅から車で10分ほどのところにある星ヶ丘のスケートリンクに向かった。

この日のことを、真央はほとんど覚えていない。しかし、7歳になっていた姉の舞は、そのときのことをかなりはっきりと記憶《きおく》している。舞が目を奪《うば》われたのは、スケートそのものよりも、同世代の女の子たちが身につけていたきれいな衣装だった。

「女の子たちが、ヒラヒラのかわいい衣装を着て滑《すべ》っていたんですよ。『かわいいなあ、私もあんな衣装着たいなあ』って思ったのを覚えています」

その日、真央たちが着たのは「ヒラヒラのかわいい衣装」ではなく、ゴワゴワのスキーウェアーだった。頭にはヘルメット、膝《ひざ》にはプロテクター。完全防備のいでたちだった。でも、恰好《かっこう》にこだわっている余裕はなかった。陸とは違う氷の感触《かんしょく》。その感触《かんしょく》を、真央は小学校2年生のときの作文に「こわかった」と書いている。

つるつると足もとが滑《すべ》って、立つことも難《むずか》しい。転んで硬《かた》い氷の上に尻《しり》もちをついた。はじめのうちは、フェンスにつかまって横歩きをするのがやっとだった。

それでも、その日のうちに真っ直《す》ぐ立つこと、それに少しだけ前に進むことを覚えた。少し力を入れただけで、体がスッと前に進む。耳の横を冷たい風が通り過ぎる。

滑《すべ》り終えた真央は満面の笑顔《えがお》で、母に言った。

「すっごく楽しかったよ、ママ！」

このとき、すでに真央の1週間は土日以外、習い事でいっぱいになっていた。それでも母はスケートを習わせることにした。

その理由の一つは、ニーナ・アナニアシヴィリという有名なバレエダンサーが、もともとフィギュアスケーターだったからだった。

フィギュアスケートを習えば足首が鍛《きた》えられてバレエがうまくなるかもしれない。母はそう考えた。つまり母は、バレエに役立てるつもりで、真央にフィギュアスケートを始めさせたのである。

スケートを始めたころ。姉の舞（右）と　浅田匡子提供

## バッジテスト

真央が所属《しょぞく》したのは、門奈裕子《もんなゆうこ》コーチが主宰《しゅさい》する『名東《めいとう》フィギュアスケートクラブ』。主な練習場所は、星ヶ丘《ほしがおか》のスケートリンクである。

フィギュアスケートを習い始めて2か月が経《た》ったころのこと。真央を指導《しどう》していた若いコーチは、母に言った。

「真央ちゃん、すごいですね、すぐになんでもできてしまう」

真央がこんなふうにほめられたのは初めてのことだった。体操《たいそう》教室でも、2年近く通ったあとでようやく「そろそろ選手コースに入ってみますか」と誘われた程度だった。

「ひょっとしたらこの子、フィギュアスケートに向いているのかな」

夢中になって練習する真央の横顔を見ながら、母はふと、そんなことを思った。そんな真央の実力を試す機会がやってくる。バッジテストである。

バッジテストとは、フィギュアスケートの進級審査《しんさ》である。級に応じて出場できる大会が決まるので、フィギュアスケーターにとっては大切なテストだ。

といっても、真央が受けるのは初級のテストである。初級のテストには、ジャンプもスピンも含まれていない。

スケートを始めたばかりとはいえ、真央はのちの世界女王である。きっと苦もなく受かったことだろうと思いきや、そうではなかった。真央は思わぬ苦戦をしてしまうのである。

原因は、緊張《きんちょう》だった。バレエの初舞台《はつぶたい》のときと同じように、真央はまたも、緊張《きんちょう》していた。ほかにもたくさんの選手がいる。いつもと違う雰囲気《ふんいき》。自分の順番がいつ来るのかもよくわからず、緊張《きんちょう》は極度《きょくど》に達した。普段の練習なら失敗しないようなところで、細かいミスが重なってしまう。5歳の真央は思っていた。

「どうしてうまくいかないの？」

悔《くや》しさが、涙となってこみ上げてくる。泣き顔を見られるのは嫌《いや》だったから、必死にこらえた。でも、ハーフサークル（片足でS字を描《えが》くスケートの技）を終えたあたりで、涙がポロリとこぼれた。すると、もう一歩も動けなくなってしまった。

「もうだめ、こんなんじゃ合格できない」

あきらめかけていた。そのとき、誰《だれ》かが真央の手を握《にぎ》った。

舞だった。「こっち！」と舞が手を引く。舞についていくと、リンクサイドで母が待っていた。母はフェンスから手を伸ばして真央の頭をなでながら、力強く励《はげ》ました。

「大丈夫、がんばれるよ真央！」

なんだか、できそうな気がしてきた。「大丈夫、大丈夫」と自分に言い聞かせて、真央は、バッジテストに復帰《ふっき》し、そして最後まで、テストを受け通した。

結果は見事、合格。こうしてのちの世界女王は、初級のバッジテストを「辛《から》くも」乗り越《こ》えたのだった。

## 初めての試合

真央の初試合は、1997年2月16日、愛知県《あいちけん》フィギュアスケート選手権だった。リンクに登場した真央は、このとき6歳になっていた。

白が基調《きちょう》の衣装、両肩《りょうかた》には黄色いフリル、腰《こし》には大きなピンクのリボン。真央は同世代の子どもと比べても小柄《こがら》な女の子だった。そのほほえましい姿に、客席からは「しっかりー」という温かい声援《せいえん》が飛んだ。

うまく滑《すべ》れるかどうか、不安だった。リンクの真ん中に立って音楽を待つ間も、ドキドキが止まらなかった。すると会場に、「真央、がんばってー！」というひときわ大きな声が響いた。振り向くと、母が胸《むな》もとでガッツポーズを決めていた。

「よかった、ママも見てくれてた」

少しだけ勇気が湧《わ》いた。最初のポーズを決める。音楽が始まる。それに合わせて、真央は勢いよく滑《すべ》り始めた。プログラムは、ディズニー映画『ダンボ』のテーマ曲である。初めての試合だから、エレメンツにはスリージャンプ（半回転）と、最も簡単な跳《と》び方とされるトウループの1回転ジャンプが入っていた程度である。

それでも、真央の滑《すべ》りは見る人に強い印象を残した。

当時のその滑《すべ》りを、小塚崇彦《こづかたかひこ》の父親である小塚嗣彦《こづかつぐひこ》コーチは、こんなふうに記憶《きおく》している。

「氷の感触《かんしょく》をつかむのが抜群《ばつぐん》にうまかった。そこだけは、人が教えられるものではないんです。将来はすごい選手になるんじゃないかなと思いましたね」

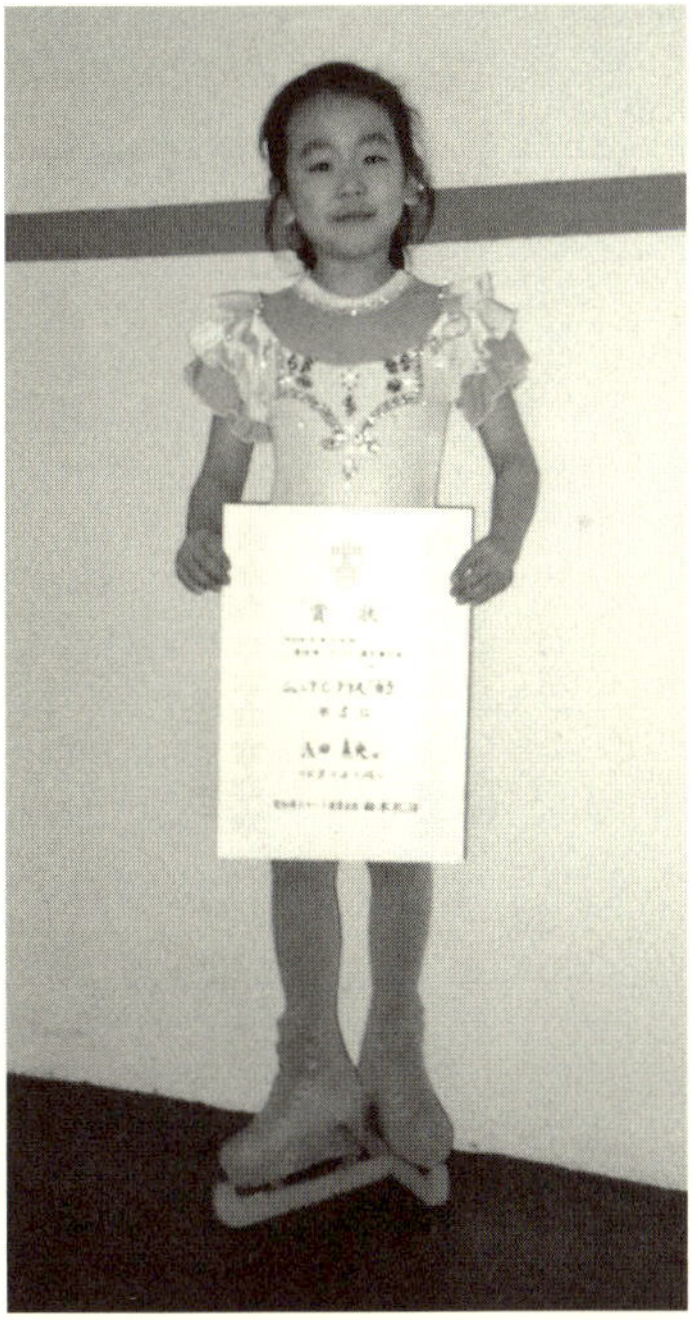
1997年２月、真央初試合。　浅田匡子提供

真央は夢中で滑《すべ》った。両手をいっぱいに広げ、小さな体を躍動《やくどう》させた。気がつくと演技は終わっていて、客席からは大きな拍手《はくしゅ》が自分に向けて送られていた。

初試合の結果は、4位の舞に続く5位。愛知県《あいちけん》内の、出場選手も30人に満たない試合ではあったが、立派な成績である。

真央の心には「楽しかった」という感覚と、「最後まで滑《すべ》れた」という達成感《たっせいかん》が生まれた。「スケートがうまくなりたい」という思いも、さらに強くなった。だから、試合を終えて間もなく、真央は母に言った。

「ねえママ、一生懸命《いっしょうけんめい》練習するから、スケートの練習、増やしてもいい?」

こうして、バレエ以外の習い事は、ほとんどやめることになった。1997年4月、名《な》古屋市立高針《ごやしりつたかばり》小学校に入学するころには、ほぼ毎日、スケートを練習するようになっていた。

## 『オリンピック』に出たい!

1997年、小学校1年生の夏、真央は仙台《せんだい》に、スケートの遠征《えんせい》合宿に行く。場所が仙《せん》台《だい》であったのは、門奈裕子《もんなゆうこ》コーチの恩師《おんし》である長久保裕《ながくぼひろし》が、仙台《せんだい》を拠点《きょてん》に指導《しどう》をしていたからだった。

わずか6歳だった真央の滑《すべ》りを、長久《ながく》保《ぼ》コーチはしっかりと記憶《きおく》していた。

「とくにジャンプに才能を感じました。門奈《もんな》コーチを通じて『ジャンプの回転軸《じく》をしっかり教えたほうがいい』と指導《しどう》をしたのを覚えています」

仙台《せんだい》合宿には、多くの地域からたくさんのスケートクラブが参加していた。年代の違う選手たちもいた。その中には、当時高校生で、長久保《ながくぼ》コーチの生徒でもあった荒川静香《あらかわしずか》もいた。荒川《あらかわ》は、当時の真央のことを、こんなふうに語っている。

「ダブルアクセルを完璧《かんぺき》に決めていました。スケートを始めて2年に満たない時期に、すでに将来にまで素質《そしつ》を感じる選手は、なかなか稀《まれ》でした」

ただ、この仙台《せんだい》合宿についても、まだ6歳だった真央の記憶《きおく》は曖昧《あいまい》である。長久保《ながくぼ》コーチに膝《ひざ》の上で抱っこされたことも、まったく覚えていない。ただ荒川《あらかわ》については、「なんてスケートがうまいお姉さんなんだろう」と感じたのを覚えているという。

この半年後の1998年2月、真央は荒川《あらかわ》と再会する。といっても、それは画面を通してのことである。長野《ながの》オリンピックでのフィギュアスケートを映し出す画面に、荒川《あらかわ》がいた。

「あ、荒川《あらかわ》さんだ！」

日本代表選手の荒川《あらかわ》は、3回転3回転の連続ジャンプを決め、13位に入った。その姿に、真央は思う。がんばったら、荒川《あらかわ》さんみたいに、自分もオリンピックに出られるかな。

この長野《ながの》オリンピックで、真央を最も強く惹《ひ》きつけたのは、アメリカ代表のタラ・リピンスキーだった。リピンスキーはまだ15歳と若く、ほかの選手よりもずっと小柄《こがら》だった。まるで大人に混じった子どもである。リピンスキーに、真央は自分を重ねた。真央も、試合ではいつも一番年下で、一番小柄《こがら》だった。だから画面に向かって力いっぱい応援《おうえん》した。

「リピンスキー、がんばれ！」

その応援《おうえん》が届いたかのように、リピンスキーは素晴《すば》らしい演技を見せた。3回転ジャンプを2回も決め、年上のミシェル・クワンを逆転し、史上最年少記録でオリンピックの金メダルに輝《かがや》いた。真央は思った。

「すごいな、あんなにちっちゃいのに、大人たちにも全然負けない。真央も大きくなったら、リピンスキーみたいに、オリンピックに出て一番になりたいな」

このとき、真央は『オリンピック』がどれほど大きな大会かを知らなかった。けれどもそれは、真央の心に『オリンピック』への夢が初めて生まれた瞬間《しゅんかん》だった。

## たった一人のライバル

真央は、どんな大会でも「一番になりたい」と考えていた。ただ、「一番になれないのは自分がうまく滑《すべ》れなかったせい」とも思っていた。

真央にとって何よりも大事だったのは、「自分の思った通りに滑《すべ》れる」ということだった。だから、特定の選手との勝敗にはまったくこだわらなかった。そんな真央にも、たった一人だけ、例外がいた。真央の姉、舞である。

舞はいつも、真央の先を行っていた。バレエでもほかの習い事でも、学校に通うのも、いつも舞が先だった。スケートで先に有名になったのも、もちろん舞である。

それはある面では、真央にとっての安心材料でもあった。というのも、真央はなぜか「初めての場所が苦手」だったからである。

真央とは対照的に、舞はどこに行っても物怖《ものお》じしないタイプだった。だから真央は、初めての場所に入るときはいつも、「舞、先に行って」とうながし、その背中についていった。

幼《おさな》いころからの唯一無二《ゆいいつむに》の遊び相手でもあった。二人のお気に入りの遊びは、「カオリさんとエリコさんごっこ」。どちらも、二人が勝手に作り出した人物で、そのキャラクターは日によって違っていた。

舞のカオリさんがお花屋さんなら、真央のエリコさんはお客さん。お風呂に入っているときなら、空気を包んだタオルを花束の代わりにした。

「カオリさん、このお花をくださいい」

「100円です、エリコさん」

「もうちょっと負けてください」

二人の仲の良さは、お互いが別の試合に出るときにも見られた。「調子はどう?」「何か飲む?」「リンクの状態、こんな感じだったよ」と、姉妹は互いを気遣《きづか》い合った。

けれども、同じ試合に出る場合は別だった。真央は、舞に対してライバル心をむき出しにした。そもそも、真央は舞に対して、試合でもほかのことでも、いつも競争を挑《いど》んでいた。テレビのチャンネル争い、行き帰りの車の座席。姉と妹とはいえ母は二人を対等に扱っていたから、真央は舞に対して、一歩も引かなかった。競《きそ》い合いが言い争いに、そしてつかみ合いのケンカになることもあった。そんなとき、母はこう言うのだ。

「そんなくだらないことでケンカするなら、スケートで勝負しなさい！」

ケンカの決着がスケートなのだから、そのあとでケンカになると「だって、この前勝ったのは……」と、試合のことが持ち出される。だから、絶対に負けるわけにはいかない。

練習で舞が5回ジャンプを跳《と》べば、真央は10回。舞が高速でスピンを回れば、真央はそれ以上のスピードで回った。舞へのライバル心から、真央はよりいっそう熱心に練習した。

ただし、幼《おさな》いころに真央が舞と一緒の試合に出場した回数は、驚くほど少ない。1度目は6歳のとき、舞が勝った愛知県《あいちけん》大会。2度目の対決は中部《ちゅうぶ》大会。このときは真央が勝ったが、それは初対決から2年も経《た》った、小学校2年生のときだった。

なぜ回数が少ないのか。それは母の配慮《はいりょ》だった。娘たちのどちらかが勝者や敗者になることを、母は望んでいなかった。

幼《おさな》いころの大会はすべて級別になっていたから、母は真央にバッジテストの新しい級を取らせるのを少しだけ遅らせて、直接対決をしないように気遣《きづか》っていたのである。

それでも、「舞に負けたくない」という真央の思いは強かった。練習に打ち込む動機《どうき》にもなっていた。あとにも先にも、そんな存在は舞一人しかいない。つまり舞は、真央にとっての「たった一人のライバル」だった。

フォート・キシモト

舞（左）と真央（右）。真央12歳。2003年夏、野辺山合宿にて

第2章

# 天才少女

## 野辺山《のべやま》合宿

っている。

「それでは、発表します。名前を呼ばれた人は、前に出てください」

コーチが、選手たちを見まわす。緊張《きんちょう》の瞬間《しゅんかん》。真央もドキドキしながら、その発表を待っている。

1999年夏、長野県《ながのけん》の『帝産《ていさん》ロッヂ』で行われた新人発掘《はっくつ》合宿。通称「野辺山《のべやま》合宿」の、最年少クラスであるノービスBの合宿は、この日、最終日を迎えていた。

コーチが発表しようとしているのは、全日本ノービス選手権への出場選手だった。ノービス選手権への出場は、この合宿で実力を証明できた選手だけに与えられる栄誉《えいよ》である。

このとき、真央の名前が呼ばれる可能性は決して高くはなかった。当時のノービスBの試合への出場資格《しかく》は、一定以上の級を持ち、かつ10歳以下であること。このときまだ8歳だった真央は、年上の選手たちと出場資格《しかく》を競《きそ》い合わなければならなかった。

最終日まで、真央は一生懸命《いっしょうけんめい》に練習してきた。表現力やリズム感のトレーニング、陸上トレーニングなど、初めての練習にも、熱心に取り組んだ。

でも、ここに集まっているのは全国トップクラスの選手ばかりである。

コーチの発表は続いていた。名前を呼ばれた選手たちが、拍手《はくしゅ》に包まれながら、みんなの前に並んでいく。やっぱり無理なのかな。真央はあきらめかけていた。

「続いての出場選手、名東《めいとう》フィギュアスケートクラブ、浅田真央さん」

呼ばれた！

「はい！」と大きく返事をして、慌《あわ》てて前に進み出る。拍手《はくしゅ》の中で、母の姿を探す。母は、選手たちの後ろに立つ保護者の中にいた。「やったね真央！」というしぐさをする母。真央は嬉《うれ》しそうにうなずいた。

こうして真央は、年上の選手たちに混じって、全日本ノービス選手権への初出場を決めた。この決定は、なにもスケート連盟《れんめい》が真央に「お情け」を与えたというわけではない。このノービスB合宿の最終日のあと、真央はノービスA、ジュニア、シニアと、野辺山《のべやま》合宿の全日程の練習に参加している。それが許されたのは、真央ただ一人だけ。つまりスケート連盟《れんめい》は、真央に大きな期待を寄せていたのである。

その期待に、真央は見事に応えてみせる。その年の11月に行われた全日本ノービス選手権、上は小学校5年生までいるノービスBクラスで、小学校3年生の真央は6位入賞を果たした。

ただ、真央は満足してはいなかった。たとえ年上に混じっても、試合であれば一番になりたい。あの、リピンスキーのように。この大会で全国のレベルを知った真央は、来年こそは一番になろうと、練習を重ねた。

## 同世代のトップに

2000年10月、千葉県《ちばけん》で行われた全日本ノービス選手権。真央は1年間の思いと練習の成果を、試合にぶつけた。

その演技は、観客の目をくぎづけにした。トリプルジャンプ数種類を小学校4年生で跳《と》べてしまう選手など、いるはずもなかった。

後半の2回転フリップでは転倒してしまったが、真央には手応えがあった。だから演技が終わったあとで、観客席の母に向かって両手を振った。

「表彰式《ひょうしょうしき》あるからね、見ててね!」

結果は、真央が言った通りになった。全日本ノービス選手権のノービスB、優勝《ゆうしょう》。真央にとっては初の全国制覇《せいは》である。

表彰台《ひょうしょうだい》のてっぺんに立った真央の笑顔《えがお》は、母いわく、いつにもまして「ニッコニコ」だった。

母は言う。「真央が優勝できたのは、上手な選手がみんな、一つ上のノービスAに上がったからですよ」と。それでも、真央の実力に疑問の余地《よち》はない。

このシーズンでは、ISU（国際スケート連盟《れんめい》）未公認の大会ながら、フィンランドで行われたサンタクロース杯で優勝、クロアチアのザグレブで行われたムラドスト・トロフィーでも準優勝を飾《かざ》っている。同年齢層の選手たちの中で、真央は世界のトップに立っていたのである。

とはいえ、真央はまだ小学校4年生、身長140センチに満たない小柄《こがら》な少女である。その幼《おさな》い姿を、のちに真央のコーチを務める佐藤信夫《さとうのぶお》は、こんなふうに記憶《きおく》している。

「たしか、ムラドスト・トロフィーが終わったあとの、空港でのことでした。お母さんがベンチに座って、真央のお尻《しり》をあやすようにポン、ポンと叩《たた》いていたんですよ。そのときの真央の目線が、座っているお母さんと同じ高さだったんですよね」

こんな小さな子が、これから世界で活躍《かつやく》していくんだなあと、佐藤《さとう》コーチは感慨《かんがい》深く感じたという。

全国制覇《せいは》と海外大会での優勝は、真央の目標をさらに上に押し上げた。将来は、世界で活躍《かつやく》できる選手になりたい。そして、究極《きゅうきょく》の目標である、オリンピックに出たい。でもそのためには、ともに世界を目指してくれる、指導者《しどうしゃ》の存在が不可欠《ふかけつ》だった。

## グランプリ東海《とうかい》クラブ

2001年4月、小学校5年生に上がると同時に、真央は『名東《めいとう》フィギュアスケートクラブ』から、『グランプリ東海《とうかい》クラブ』へと移籍《いせき》する。それはグランプリ東海《とうかい》クラブに、伊藤《いとう》みどりなど数々の世界的な選手を育て上げた名コーチ、山田満知子《まちこ》がいたからだった。移籍《いせき》について、真央の心に迷いがなかったわけではなかった。そのときの思いを、真央はこんなふうに語る。

「お世話になった門奈《もんな》先生と別れることは、正直、さみしかったですね。でも、だからこそ、がんばろうって思いました。山田先生がすごい先生だっていうのも知っていましたから、今までよりも、もっとがんばらなきゃって」

山田コーチによれば、移籍《いせき》当時の真央の実力はすでに「ずば抜けていた」。降りられる、すなわち転ばずに着氷《ちゃくひょう》できるという意味でなら、すでに5種類の3回転ジャンプ、さらには3回転＋3回転の連続ジャンプまで跳《と》んでいたという。

「もう、なんでもできていましたね。回転軸《じく》の取り方のうまさ、フットワーク、表現力。性格も素直で容姿端麗《ようしたんれい》、すべてを持っていました」

しかし、何より山田コーチを驚かせたのは、真央の練習に取り組む姿勢だった。「やめさせるのが大変だった」と山田コーチが苦笑するほど、真央は熱心に練習した。リンクの閉館時間が近づいても、真央はいっこうに練習をやめようとしなかった。

「もうやめておきなさい。そんなにジャンプを跳《と》ぶと、怪我《けが》をするよ」と山田コーチに言われても、「うーん、でももう1回だけ」と言いながら跳《と》び続けてしまう。母が「そのくらいにしておきなさいってば」と注意しても、「シッ」と口もとに指を当て、さらに5回も6回も跳《と》んでしまう。

実力、才能、練習熱心さ。これほどの逸材《いつざい》に出会ったのは、長いコーチ歴を持つ山田コーチにとっても初めてのことだった。間違いなく、将来のオリンピック選手候補《こうほ》だと思った。それゆえの責任も感じた。だが、山田コーチはその責任を背負《せお》った。

山田コーチは、「世界のスケートの水準」や、「どうすればメダルが獲《と》れるのか」など、自分の持っている知識と経験を、惜《お》しみなく真央に伝えていった。

その教えは、技術的なことにとどまらなかった。「心が豊かになればスケートは変わる」と考えていた山田コーチは、ことあるごとに「感動することの大切さ」を教えた。

たとえばレストランで食事をしているときなら、店内に飾《かざ》られた花を見て「ほら真央、見てごらん、こういうところにも命があるよ」と教える。真央は花を見つめ、命を思った。

山田コーチのもとで、真央の技術と感受性は、大きく磨《みが》かれていった。

さらに真央は、このグランプリ東海《とうかい》クラブで、運命的ともいえる出会いを果たす。リピンスキーと並ぶ憧《あこが》れの人、伊藤みどりとの出会いである。

## 伊藤みどり

移籍《いせき》から間もない2001年、小学校5年生の夏休み前のことだった。その日も真央はいつものように、グランプリ東海《とうかい》クラブの主な練習場所、大須《おおす》のリンクで練習をしていた。

ざわざわ、と周囲が色めき立つのを感じた。振り向くと、そこに伊藤みどりがいた。

1992年のアルベールビル・オリンピック銀メダリスト。オリンピックで、女子選手としては世界で初めて「トリプルアクセル」という大技を決めた伝説のヒロイン。その姿を真央は、ビデオテープが伸び切って映像が乱れてしまうほどに、繰《く》り返し見続けていた。だからそれは、まさに憧《あこが》れの人との初対面であった。

このときの伊藤は、2001年1月の国際オープン選手権を最後に、現役を退《しりぞ》いていた。大須《おおす》のリンクを訪れたのは、グランプリ東海《とうかい》クラブで同期だった樋口美穂子《ひぐちみほこ》コーチに、アイスショーの振付《ふりつけ》をしてもらうためだった。

伊藤みどりが、ゆっくりと氷の感触《かんしょく》を確かめていく。その段階で、すでに真央の視線はくぎづけである。圧倒的《あっとうてき》な存在感、ただようオーラ。でも、驚くのはまだ早かった。

練習が熱を帯《お》びるにつれて、伊藤のスケーティングがさらに鋭《するど》さを増していく。ものすごい加速、そこから伊藤

aflo
伊藤みどり。オリンピックでの銀の舞い。

は一気に跳《と》んだ。

「みどりさん、すごーい……」

衝撃的《しょうげきてき》だった。信じられないくらいの高さまで、伊藤の体が浮き上がっていた。まるでロケットのようなジャンプ。その高さは、現役の男子にもひけをとらないほどだった。伊藤に比べれば、真央はまだまだ駆《か》け出しの選手である。だからこの日はひと言も、声をかけることができなかった。

またこの日、伊藤は自《みずか》らの代名詞であるトリプルアクセルを跳《と》んでいない。だから、真央は伊藤のトリプルアクセルを生で見ることはできなかった。

それでも、真央がトリプルアクセルを練習し始めるまでに、さして時間はかからなかった。小学校5年生の夏、真央のトリプルアクセルへの挑戦《ちょうせん》が始まった。

伊藤みどりのトリプルアクセルはビデオで何度も観ていた。グランプリ東海《とうかい》クラブの先《せん》輩《ぱい》でのちにソルトレイクシティ・オリンピックに出場する恩田美栄《おんだよしえ》の練習も、間近で見ていた。だから、跳《と》ぶイメージはできていた。

ダブルアクセルは低学年から跳《と》んでいたから、アクセルの踏《ふ》み切り方もわかっている。3回転だって全種類跳《と》べている。それより半回転、多く跳《と》べばいいだけ。

でも、その半回転が遠かった。イメージすることと、実際にできることとは違っていた。まったくうまくいかない日々が続いた。何度も転倒した。イライラして、「ああ〜もう！」と声を上げてしまうこともあった。

無理もない。トリプルアクセルは練習してすぐに跳《と》べるようになるほど簡単な技ではなかった。いやそれ以上に、練習すれば誰《だれ》でも跳《と》べる、というようなジャンプではなかった。オリンピックでトリプルアクセルに成功した女子選手は、当時、伊藤みどりしかいなかった。そればかりか、フィギュアスケートの歴史上、ＩＳＵ公認のシニア国際大会で成功した女子選手は、世界に５人しかいない。

伊藤みどり、トーニャ・ハーディング、リュドミラ・ネリディナ、中野友加里《なかのゆかり》（いずれも現役引退）、そしてのちの真央。現在、跳《と》ぶことができるのは、もちろん真央だけである。

それほどの超高難度《ちょうこうなんど》の大技である。いかに真央といえども、夏に挑戦《ちょうせん》を始めて、秋の大会で跳《と》べるようにはならなかった。

それでも、２００１-０２シーズンの真央のプログラムは、３回転の連続ジャンプも含めて、十分に難易度《なんいど》の高いものだった。真央は、２００１年の秋の全日本ノービス選手権のノービスＢを連覇《れんぱ》し、２階級上の全日本ジュニア選手権でも６位に入賞している。

山田コーチでさえ「練習通りにすべてを完璧《かんぺき》に決めていれば、全日本ジュニアで優勝してもおかしくなかった」と認めたほどの高難度《こうなんど》のプログラムだった。

真央のトリプルアクセルへの挑戦《ちょうせん》は、全日本ジュニア選手権後も続いた。その挑戦《ちょうせん》が実を結ぶには、練習を始めてから1年を待たなくてはならない。

## 偶然《ぐうぜん》の出会い

2002年3月、前年に準優勝だったムラドスト・トロフィーで優勝を飾《かざ》った真央は、クロアチアから帰国してすぐに長野《ながの》へと向かった。長野《ながの》で開催《かいさい》される世界選手権を観戦するためである。それが、生まれて初めて目の前で見る世界選手権だった。

1か月前に行われたソルトレイクシティ・オリンピックの金メダリスト、サラ・ヒューズをはじめとする、世界トップクラスの選手たちの競演《きょうえん》。ジャンプだけでなく、スピンもスパイラルもすべてが素晴《すば》らしい。真央は感動し、そして思った。

「いつか、自分も世界選手権に出てみたいな」

この世界選手権で優勝したのはイリーナ・スルツカヤだった。表彰式《ひょうしょうしき》を見届けてから、真央はある場所で写真を撮《と》ってもらった。

そこは、ついさっきまでスルツカヤが立っていた場所、表彰台《ひょうしょうだい》のてっぺんだった。世界選手権への夢をしっかりと胸に抱《いだ》きながら、真央は母のカメラに向かってにっこりとほほえんだ。

ところで、この世界選手権では、一つの偶然《ぐうぜん》の出会いがあった。

山田コーチ、樋口《ひぐち》コーチ、母、舞とともにエレベーターを降りる際、すれ違いに世界的に有名なタチアナ・タラソワコーチが乗り込んできたのである。

「ハーイ、タチアナ」と山田コーチが話しかける。タチアナは嬉《うれ》しそうに山田コーチに近づく。そして二人は、親しげに話し合った。

このとき、真央にタチアナへの特別な予感はなかった。ましてタチアナが、のちに自分のコーチになるとは思ってもみなかった。ただ母は、「いつか真央が世界のトップレベルに成長したら、タチアナ先生に見てもらいたい」と思ったという。

野辺山合宿《のべやま》には、不思議《ふしぎ》な力があるのだという。できなかったことが、できるようになるという、不思議《ふしぎ》な力。樋口《ひぐち》コーチはそれを、『公式練習パワー』と呼んだ。

「スケート連盟《れんめい》の人たちが見ている緊張感《きんちょうかん》のある中でみんなと競《きそ》い合っていると、普段は跳《と》べないようなジャンプを跳《と》べてしまうことがよくあるんですよ。普段よりも、大きな力が出るんです。私たちはそれを『公式練習パワー』って呼んでいるんです」

2002年、小学校6年生のときの野辺山《のべやま》合宿。その日の真央に、「今日は跳《と》べそうだ」という予感があったわけではなかったという。新たに技術的な工夫を加えたわけでもなかった。

ただ確かにいえることは、真央がこの日までに、無数の失敗を積《つ》み重ねてきたということだ。転んでも転んでも、真央は何度も立ち上がった。そして、そのときはやってきた。

いつも通りに加速し、右脚《みぎあし》を振り上げて跳《と》び上がった。それと同時に足と腕《うで》をたたむ。と、真央の視界が今までになく高速で回転した。そして気がつくと、降りていた。

一瞬《いっしゅん》の出来事だった。だから何が起こったのか、真央にもよくわからない。今、跳《と》べたんだろうか。もう1回跳《と》んでみる。加速してジャンプ。すると、また降りていた。何度やっても、もう転んだりしない。トリプルアクセルを跳《と》べた自分にびっくりしながら、母に言った。

「できたよママ、見て!」

見てと言われるまでもなく、母はその一部始終《いちぶしじゅう》を見つめていた。だから、真央に呼ばれた瞬間《しゅんかん》には、すでに笑顔《えがお》。ほかのクラブの生徒たちの手前もあるから大騒《おおさわ》ぎはできなかったが、拍手《はくしゅ》のジェスチャーをいっぱいして、真央に喜びを返した。

山田コーチも樋口《ひぐち》コーチも、胸《むな》もとで親指を立てて「グッド!」と合図を送っている。みんなが喜んでいるのがわかって、真央の嬉《うれ》しさは倍になった。

この日のトリプルアクセルは、山田コーチによれば少し回転不足気味だったという。スケートの世界でいう、いわゆる『グリンコ』である。それでも、とにかく降りることができた。

伊藤みどりでさえ、トリプルアクセルを跳《と》べるようになったのは15歳のときである。それを真央は、わずか11歳で跳《と》んだ。いうまでもなく、それは世界のフィギュアスケート史上、初の快挙《かいきょ》だった。

## 伊藤みどりが語る「真央のトリプルアクセル」

伊藤みどりによれば、真央のトリプルアクセルの跳《と》び方は、基本的には昔も今も変わらない。ただ、自身と真央では、その跳《と》び方はまったく違うのだという。伊藤は語る。

「大きく違うのは、まずジャンプに入る前の軌道《きどう》です。

私の場合は、リンクの対角線を使って、かなり直線に近い軌道《きどう》でジャンプに入ります。スピードが落ちないように、ぶつかるくらいのつもりで壁に向かって滑《すべ》っていき、壁の直前でスピードをジャンプ力に変換していました。

でも、真央ちゃんの軌道《きどう》は私に比べてかなり丸い。ほぼ半円に近い軌道《きどう》です。リンクの長い一辺から、もう一つの長い一辺まで丸く滑《すべ》っていく。そうやって、とことん体に遠心《えんしん》力《りょく》をため込んで、その遠心力《えんしんりょく》をジャンプ力と回転力に変換しているんです」

踏《ふ》み切る際の右脚《みぎあし》の振り上げ方にも、二人の間には違いがあった。伊藤が右下から左上に、やや振り回すように右脚《みぎあし》を振り上げるのに対し、真央はほぼ真上に向かって右脚《みぎあし》を振り上げる。

さらに跳《と》び上がったあと、真央は、体の中心軸《じく》に沿って手足を瞬時《しゅんじ》にたたみ、体を細くまとめて回転する。細くなればなるほど体は回転しやすくなる。真央の体のまとめ方は「非常にうまい」、そして「フィギュアスケーターとして理想的」と、伊藤は分析する。

もう一つ、ジャンプを跳《と》んだ際の中心軸《じく》の角度にも違いがあるという。伊藤のジャンプの中心軸《じく》が地面に対して75度くらいなのに対し、真央のそれは85度くらい、ほとんど垂直《すいちょく》である。この角度の差が「真央のジャンプの確実性を増している」と伊藤は言う。

ただ、伊藤は、「跳《と》び方のうまさよりももっと重要なことがある」とつけ加えた。それは、「ジャンプを大舞台《おおぶたい》で決められるかどうか」ということである。

「ご存じの通り、トリプルアクセルは誰《だれ》でも跳《と》べるものではありません。私も苦労しましたし、練習で跳《と》べるだけでも、相当なことです。ただ、最も重要なことは、それを試合、もっといえばオリンピックの舞台《ぶたい》で決めること。私はアルベールビル・オリンピックで1度だけ成功しました。でも、そのときも2回跳《と》ぶ予定だったうちの一つは失敗しています。大きなプレッシャーの中で決められるかどうかなんです」

そこが本当の勝負なのだと、伊藤みどりは語った。オリンピック。とてつもない重圧がかかる、世界最高の舞台《ぶたい》。でもそれは、小学校6年生の真央にとっては、まだまだ遠い未来のお話である。

重圧とも無縁《むえん》だった。だから、トリプルアクセルを思い切りよく跳《と》び続けた。このトリプルアクセルで、真央は、間もなく全国の話題をさらうことになる。

## 「天才少女」現る!

2002年10月、地元名古屋《なごや》で行われた中部《ちゅうぶ》選手権で、真央は公式戦で初めて、トリプルアクセルを成功させた。その後も、全日本ノービス選手権のノービスAで優勝を飾《かざ》り、11月の全日本ジュニア選手権にも2年連続で特別出場し、4位と健闘《けんとう》する。

その後の展開は、真央はもちろん、母にも、そしてコーチにでさえ想像できないものだった。全日本選手権への出場が決まったのである。

小学校6年生の自分が、ジュニアの試合に出場することだって特別なのだ。まして大人の大会に出るなんて、思ってもみないことだった。急な知らせに真央は驚き、そして喜んだ。

全日本選手権まで1か月もなかった。それでも、時間がないなんて言っていられない。せっかく出してもらえるんだから、精いっぱいがんばろう。フリープログラムは、ジュニアとシニアでは演技時間の長さが違うため、急遽《きゅうきょ》ジュニア用のプログラムの振付《ふりつけ》をもとに、30秒長く延《の》ばした。

もちろん、トリプルアクセルはそのままに残した。ジュニア選手権では失敗していたけれど、どうしても、もう1度挑戦《ちょうせん》したかった。失敗しても、成功するまで挑戦《ちょうせん》する、それが真央のやり方だった。

フリーにはもう一つ、〝大技〟を組み込んだ。それは、誰《だれ》も想像できないような、とてつもない〝大技〟だった。

2002年12月22日、全日本選手権。日本一のフィギュアスケーターを決める大会である。そのフリープログラム当日。ショートの結果は9位だった。もはや逆転優勝は難《むずか》しい。でも、順位よりも大事にしたい目標があった。

「恥《は》ずかしくない試合をしたい」

この日の真央が着ていた淡《あわ》いパープルの衣装は、伊藤みどりからお下がりでもらったものだった。憧《あこが》れの人からのプレゼントである。勇気をもらえた気がした。

リンクに登場した真央を、大きな拍手《はくしゅ》と歓声《かんせい》が出迎える。真央はリンク中央に立ち、氷の上に視線を落として音楽を待った。テレビ中継のアナウンサーが言う。

「全日本初出場です、浅田姉妹の妹、浅田真央です」

プログラム曲は『インカ伝説』。アンデスの民族楽器ケーナの響きが、その始まりを告《つ》げる。真央はゆっくりと視線を上げ、コンドルのように2度両手を羽ばたかせて滑《すべ》り始めた。バックで加速、その勢いのまま正面に向き直り、大きく空へと舞《ま》い上がった。

真央の体が高速回転で風を切った。その衝撃《しょうげき》が、観客全員の度肝《どぎも》を抜いた。全国のスケートファンが初めて、12歳のトリプルアクセルを目にした瞬間《しゅんかん》だった。

見事に着氷《ちゃくひょう》した真央を、大歓声《だいかんせい》が包み込んだ。でも真央は、まだ気を緩《ゆる》めない。もう一つの〝大技〟が控《ひか》えているからだ。

リンクに大きくSの字を描《えが》きながら、さらにスピードを上げる。前向きに滑《すべ》りながらバランスを整え、反転して右脚《みぎあし》を後ろへ振り上げる。そして真央は再び舞《ま》い上がった。

3回転フリップ＋3回転ループ。沸《わ》き上がる歓声《かんせい》、しかし真央はその先にもう一つ、3回転トウループをつけ加えてみせる。

ジャパンスポーツ

2002年12月、全日本選手権の３週間前、NHK杯のエキシビジョンに12歳で特別出場

3連続の3回転ジャンプ。それは、女子では世界で誰《だれ》も成功させたことのない、驚愕《きょうがく》のジャンプだった。

トリプルアクセルと3連続3回転ジャンプをプログラム前半に跳《と》んだことで、真央は体力を大きく奪《うば》われていた。後半に少しミスが出て、総合結果は7位に終わった。

表彰台《ひょうしょうだい》にはのぼらなくても、世界最高レベルのジャンプを立て続けに決めた真央は、一躍《いちやく》スターになった。フィギュアスケート界に誕生《たんじょう》したニューヒロインを、マスコミは『天才少女』と呼ぶようになった。

## ふつうの女の子としての真央

『天才少女』。

その呼び名は、かつて伊藤みどりのものだった。伊藤と同じように呼んでもらえることが、真央には嬉《うれ》しかった。ただ、ちょっぴり恥《は》ずかしくもあった。

もしも「天才」という言葉が「何もしなくてもすごい人」を指すなら、自分は天才なんかじゃない。真央は自分のことを、「ふつうの女の子」だと思っていた。だから、「天才」

という言葉は、「いっぱい努力して偉《えら》かったね」というほめ言葉だと思うことにした。

実際、スケートから一歩離れれば、真央はまさに、ふつうの少女だった。小学校にも、ほかの子どもたちと同じように、ふつうに通っていた。

小学校6年生のころにはアイスショーにも出演するようになっていたが、それでもショーや試合のあるとき以外は、授業にも学校行事にも、ほとんど休まず参加していた。

それは運動会のときのこと。足の速かった真央は、クラス対抗リレーの選手に選ばれていた。でも、運動会の当日、真央は風邪《かぜ》をひいて40度近く熱を出してしまった。

しかし、真央は運動会に現れた。真央が休むものだとばかり思っていた担任の横地八枝《よこちやえ》子《こ》先生は、驚いて聞いた。

「真央ちゃん、風邪《かぜ》、大丈夫なの？」

すると真央は「うん」とうなずいて、こう言った。

「リレーだけ走って帰ります。クラスが負けちゃうのは嫌《いや》だから」

クラスメイトへの思い、責任感の強さ。横地《よこち》先生は改めて感心させられたという。

真央は小学校が大好きだった。クラスの友だちも、大好きだった。忙しくて放課後に遊ぶ時間はなかったけれど、その分、学校の休み時間に、友だちと思う存分遊んだ。けん玉、縄跳《なわと》び、コマ回し、鬼ごっこ。それに勉強だって、ほかの子どもたちと同じように、一生懸命《いっしょうけんめい》やった。宿題だってしっかりやった。

ただ、小学校6年生の時点で、真央のスケジュールはすでに、飽和《ほうわ》状態だった。学校が終わったら、母の車で大須《おおす》のリンクまで移動し、そこから5時間もの練習。寝る時間が1時を回ってしまうことも珍《めずら》しくなかった。

## 卒業式での「金メダル宣言」

クラシックバレエから、真央は多くのことを学んでいた。バレエの形、すなわちポジションには、フィギュアスケートと共通するものがたくさんあった。

体をブレードのエッジという「線」で支えるのがスケートなら、バレエはつま先という「点」で支える。バレエは、真央のバランス感覚も磨《みが》いた。

複雑な動作を組み合わせる身体感覚、柔軟性《じゅうなんせい》、演技に感情を託《たく》す踊《おど》り心。それに振付《ふりつけ》を覚える早さも、バレエで身につけたことだった。

バレエレッスンでは、新しい動きを先生から多くて3回しか見せてもらえなかった。1回で覚えるのが当たり前だったし、3回見ても覚えられないと「なんでできないの？」と叱《しか》られた。

そのおかげもあってか、真央はスケートの振付《ふりつけ》を、ほかの選手がたとえば5日かかるところを、わずか3日で覚え切ることができた。急なプログラムの変更に対応できたのも、バレエレッスンによるところが大きい。

だからずっと、バレエを続けることにこだわってきた。スケートの練習のときに足を痛め、バレエの先生に「痛いの？」と尋《たず》ねられても、「ゼリーがたまっているだけだから大丈夫です」と答えて痛みをこらえ、バレエのレッスンに通い続けた。

でも、スケジュールがいっぱいになってしまった今、これ以上バレエを続けることはもう不可能だった。悩んだ末、真央は母に告《つ》げた。

「ママ、バレエをやめたい」

母は、真央の目を見つめた。その目に決意があった。「この子は、本当にフィギュアスケートが好きなんだな」と改めて感じた。だから、真央の決断を尊重《そんちょう》した。

こうして、真央はバレエをやめた。

小学校の卒業式。一人ひとりがみんなの前で、自分の夢を発表する。名前を呼ばれて立ち上がった真央は、温め続けてきた夢を、みんなの前で力強く語った。

「私は、将来オリンピックで金メダルを獲《と》れるように、中学校に行っても毎日、スケートをがんばりたいと思います！」

オリンピックまであと7年。その夢を、真央はしっかりと見つめていた。

第3章

# 世界へ

## 「がんばる」の意味

2003年4月。名古屋市立高針台《なごやしりつたかばりだい》中学校に入学すると同時に、真央は市営のスポーツジムで、週4回の筋力《きんりょく》トレーニングを開始する。それまでも自宅で筋力《きんりょく》トレーニングは積《つ》んでいたが、本格的にトレーニングマシンを使い始めるのは、このときからのことだった。なんとかして、さらに上のスケーターを目指したかった。そのためなら、真央はどこまでもがんばれた。

ただ、その「がんばる」姿は、ふつうの人の「がんばる」とは違う。「歯を食いしばって、我慢《がまん》して」というイメージとはかけ離れていた。当時真央の振付《ふりつけ》を担当していた樋口美穂子《ひぐちみほこ》コーチは、真央のがんばる様子をこんなふうに語る。

「とにかく、楽しそうなんですよ。練習量はものすごく多いんですけど、ずっと鼻歌を歌っている感じなんです。実際に鼻歌を歌いながら滑《すべ》っていることもあったかな」

大好きなスケートを、とことんまで楽しむこと。それが、真央の「がんばる」の意味だった。できないことができるようになれば楽しい。楽しいから、いくらでも練習できる。真央は練習が大好きだった。

一方、このころの真央は、試合が苦手だった。緊張《きんちょう》してしまって、普段の練習でできていたことが、できなくなってしまうからだった。

このころの真央の試合成績を見てみよう。2003年の全日本ノービス選手権ではノービスAを2連覇《れんぱ》、全日本選手権でも8位と、13歳の選手としては破格《はかく》の活躍《かつやく》である。しかしそれは、真央がすべての力を発揮《はっき》した結果ではなかった。

山田コーチは言う。「もしも真央が力を出しつくしていれば、すべての試合で優勝していた」と。練習では強いが試合になると弱い、それがこのころの真央だった。

「試合でも、力を発揮《はっき》したい」

自信をつけたかった。でも、そのために真央ができるのは、どんなに緊張《きんちょう》しても力が発《はっ》揮《き》できるようになるまで、ひたすら「がんばる」ことだった。

ジャパンスポーツ

2003年12月、全日本選手権（長野）、ショートプログラム『映画「マイガール２」より』。
13歳にして、全日本８位に

## 舞の骨折《こっせつ》

ガラガラガラ、ドン！

浅田家に、何かが落ちたような大きな物音が響く。音がしたのは階段のほうである。なんだろうと真央がのぞく。と、階段の下で誰《だれ》かがうずくまっていた。

「舞！」

舞が、痛そうに足首を押さえている。階段から転げ落ちたのだという。「痛い……」と言った切り、舞は黙《だま》り込んだ。立ち上がることもできない状態だった。

左足首の骨折《こっせつ》。２００４－０５シーズンが間近に迫《せま》っていたが、もはや試合出場は絶望的だった。このシーズン、舞はジュニアのグランプリシリーズに出場して、世界を転戦する予定でいた。２年連続で好成績を残していたから、今年こそ、と思っていた。その矢先《やさき》の出来事である。痛みよりも悔《くや》しさのせいで、舞は泣いた。

母も落ち込んでいた。父も祖母《そぼ》も、家族みんなが落胆《らくたん》していた。

なんとかしなければいけない。家族の重い空気を振り払うように、真央は言った。

「みんな心配しないで、舞の代わりに真央ががんばるから」

真央は、舞の初戦となるはずだったジュニアグランプリシリーズのアメリカ大会に出場することを決めた。それは、ある意味で無謀《むぼう》とも思える挑戦《ちょうせん》だった。

本当は、別の大会に出場する予定だった。その大会に向けて、調整も続けてきた。予定が、完全にくるってしまう。

それでなくても、このころの真央は調子を落としていた。練習でも、トリプルアクセルの成功率は3回に1回程度だった。

それに、この年のプログラムの振付《ふりつけ》は、それまでの樋口《ひぐち》コーチではなく、リー・アン・ミラーによるものだった。初めての外国人コリオグラファー（振付師《ふりつけし》）による振付《ふりつけ》が、真央を戸惑《とまど》わせてもいた。それでも、「舞の分までがんばろう」。真央はどこまでも前向きだった。

## 〝不思議《ふしぎ》な快進撃《かいしんげき》〟

2004年9月、アメリカ大会のフリープログラムでのことである。ショートでは、なんとか1位になることができた。といっても、決して調子が良いわけではなかった。

試合の前日、いや、フリー当日の公式練習でも、トリプルアクセルはまったく跳《と》べなくなっていた。不安を抱《かか》えたままリンクに上がった真央の緊張《きんちょう》はピークに達した。こんな状態で、本当にうまくいくのだろうか。しかしここで、驚くべきことが起こった。

練習ではまったく跳《と》べなかったトリプルアクセルが、やや回転不足ながらも、決まってしまうのである。緊張《きんちょう》しているのに跳《と》べてしまうなんて、生まれて初めての経験だった。

結果は優勝。なぜ優勝できたのか、真央自身もわからなかった。

しかし、真央の快進撃《かいしんげき》は続く。ジュニアグランプリシリーズのウクライナ大会でも優勝、さらに、シリーズで優秀な成績を収めた選手だけが出場できるジュニアグランプリファイナルでも、真央は初出場、初優勝を遂《と》げた。

緊張《きんちょう》していても、いや緊張《きんちょう》しているときほどジャンプが決まってしまうのである。それはまさに〝不思議《ふしぎ》な快進撃《かいしんげき》〟だった。

この〝不思議《ふしぎ》な快進撃《かいしんげき》〟を、母は「『一万時間の法則』にあてはまるのではないか」と語る。『一万時間の法則』とはアメリカの作家グラッドウェルが心理学をもとに提唱《ていしょう》した理論で、何かで成功する人間は、一万時間それに取り組めば結果を出す、というものだ。

5歳でスケートを始めた真央は、このときで9年目。1日平均3時間以上練習したとすれば、確かにこの14歳の時点で一万時間に達する。

もちろん、本当の理由はわからない。真央自身も、このときの〝不思議《ふしぎ》な快進撃《かいしんげき》〟の理由は、いまだによくわからないのだという。ただ真央は、こんな話も聞かせてくれた。

「たまに、誰《だれ》かにポンって上げてもらったなあって思えるときがあるんですよ。練習のときだったら、失敗するなって思ったら絶対失敗するっていうのがほとんどなんです。でも、試合になると、すごく緊張《きんちょう》していて『これで跳《と》べるのかな』って思っているのに、なぜか跳《と》べてしまうときがあるんです。誰《だれ》かが持ち上げてくれたのかなあって。そういう『見えない力』って、あるんじゃないかって思います」

その「誰《だれ》か」が、自分の「おばあちゃん」だと感じられることもあったし、「神様かも」と感じたこともあった。だから跳《と》べたときはいつも、心の中で「ありがとう」を言ったという。ともかくも真央はこのシーズンで「試合に強い真央」へと生まれ変わった。

## 世界ジュニア選手権、初出場初優勝

世界ジュニア選手権。世界中のジュニア選手たちが最も憧《あこが》れる大舞台《おおぶたい》。選手たちにとっての、シーズンの総決算ともいうべき大会である。

２００５年2月、真央は開催地《かいさいち》のカナダのキッチナーへと出発した。ほかの選手たちよりも1日遅れでの出発だった。真央に帯同《たいどう》した、当時スケート連盟所属《れんめいしょぞく》の小林《こばやし》れい子は、この「1日遅れ」の理由を、次のように語る。

「真央ちゃんは、大会の少し前に、インフルエンザにかかっていたんです。出発までには治っていましたから、1日遅れだったのは大事をとっての措置《そち》でした。ただ、それまでの練習はかなり軽めになってしまったため、調整が十分とはいえなかったかもしれません」

現地に着いても、調子は上がらなかったが、真央は開き直った。ジュニアグランプリファイナルを制覇《せいは》したことが自信につながっていた。

実はこのとき、真央にはひそかに決めていることがあった。もしも優勝できたら、そのときは自分に、ある「ごほうび」をあげることに決めていた。

でも、それも優勝できたらの話である。だからそのことは、誰《だれ》にも内緒《ないしょ》だった。まだ見ぬ「ごほうび」を胸《むね》に秘めて、真央はキッチナーへと乗り込んだ。

ショートプログラムでは、靴《くつ》ひもがフックから外れてしまうアクシデントにもめげずに、1位を獲得《かくとく》。首位で折り返した真央は、その勢いをフリーでも見せつける。

プログラム曲の『風変わりな店』に乗って、真央が滑《すべ》り始める。観客の期待を一身に浴びながら、真央は舞《ま》い上がった。

その瞬間《しゅんかん》、現地のテレビ解説者は叫《さけ》んだ。

「なんて軽々と決めてしまうの！」

トリプルアクセル、成功。世界ジュニアでは、もちろん初の快挙《かいきょ》である。真央は完全に波に乗っていた。スピーディーな曲調に、真央は完全に同化していた。

軽やかなステップ、美しいスパイラル。締《し》めくくりの2連続ジャンプを決めてポーズを決めると、観客からはスタンディングオベーションが巻き起こった。

リンクサイドにいた山田コーチにとっても、それは忘れられない光景だった。多くの有名選手を育て上げた名コーチも、これほどの大きな拍手《はくしゅ》を聞いたことがなかったという。

世界ジュニア選手権、初出場、初優勝。このとき叩《たた》き出した総合得点179．24は、現在も破られることのない、ジュニアの世界記録である。

第3章
# 世界へ

フォート・キシモト

2005年３月、世界ジュニア選手権（カナダ）。14歳で初出場初優勝を決めたあと、山田満知子コーチとその試合後の、会見でのことだった。記者から「試合前に、何を考えていましたか？」と尋《たず》ねられた真央は、こう語った。

「優勝したらトイプードルを買ってもらえるので、そのことを考えていました」

それが真央の、自分への「ごほうび」だった。

## エアロ

今一番楽しみにしていることはなんですか。

「はい、トイプードルを買ってもらうことです」

日本に帰ったら、何をしたいですか。

「そうですね、トイプードルと遊ぶことですね」

日本で中継を観ていた母は、笑顔《えがお》で「トイプードル」と連呼《れんこ》している真央に、大笑いしてしまったという。

「あれは、私に言っていたんですよ。画面を通して真央が『トイプードル、トイプードル』って何度も言うもんだから、もうおかしくて、おかしくて」

実は母は、犬を飼《か》うことに反対だった。真央が動物アレルギーだったからである。それに真央は、かつて野犬《やけん》に追いかけられたことがあり、それ以来、犬が苦手のはずだった。そもそも、真央だけでなく、父も母も舞も忙しい。誰《だれ》が世話をするの？　という話でもあった。だから母は、犬は飼《か》えないと真央も納得《なっとく》しているものだと思っていた。

それに「優勝したらトイプードル」という約束をした覚えもなかった。でも「トイプードル、トイプードル！」と笑顔《えがお》で連呼《れんこ》する真央を見てしまうと、もう『ノー』とは言えなかった。

それは、真央の作戦だったのか。どうやらそうではないらしい。このところは、現在の母と真央の間でも、記憶《きおく》が食い違っている。当時を振り返って、真央は真顔で語った。

「優勝したから、『やった、トイプードルを買ってもらえる！』って、すごく嬉《うれ》しかったんですよね。え？　母は『聞いてなかった』って言ってるんですか？　うーん、約束したと思うんだけどなあ。そこがちょっと、わからないんですけどね」

帰国した真央は、さっそくトイプードルを見に行った。たくさんの子犬たちが、真央に向かってしっぽを振っている。その中に、真央をじーっと見つめるトイプードルの子犬がいた。

こうして真央のもとにやってきたのが、愛犬のエアロだった。それまでの真央は、試合から帰った夜には決まって、レゴブロックやジグソーパズルをして遊んでいた。そうすることで、試合での興奮《こうふん》をやわらげ、頭をすっきりさせていた。

でも、エアロが来てからは少し変わった。エアロと遊ぶことで、それまでの何十倍もリラックスすることができるようになった。真央にとってエアロは、妹であり、娘であり、家族。そんなエアロに元気をもらって、真央はさらに躍進《やくしん》する。

エアロと　浅田匡子提供

# 第4章 真央フィーバー

## 驚きのニュース

２００５年初夏、ある朝のことだった。食卓に置かれた新聞を何気なく読んでいた母は、その記事を見つけて「あれっ」と短く声を上げた。

「真央、ちょっとこれ、見て」

真央が顔を寄せる。次のシニアグランプリシリーズの出場者が発表されていた。荒川《あらかわ》、村主《すぐり》、安藤《あんどう》、その後ろの名前を見て、真央は目を丸くした。

「ママ、真央は今年からシニアのシリーズに出るの？」

母や真央はもちろん、山田コーチのもとにも、スケート連盟《れんめい》からはなんの連絡もなかった。母は首をかしげた。

２００５－０６シーズンに開催《かいさい》されるトリノ・オリンピックに、真央は出られないことが決まっていた。そのことは、もうずいぶん前から聞かされていたことだった。

トリノへの出場資格《しかく》は、２００５年6月30日の時点で15歳になっていることと定められていた。その時点で真央は14歳。だから、出場はできないと聞かされていたのである。

こうした年齢規定が作られたのは、真央も憧《あこが》れていたタラ・リピンスキーが、あまりにも若くして金メダルを獲《と》り、直後に引退したことがきっかけだった。

また、ISU（国際スケート連盟《れんめい》）は、年齢規定を作ったのは、オリンピックを目指す選手たちが幼少期《ようしょうき》から過度《かど》な練習をしてつぶれてしまうのを防ぐという医学的な理由であるとしていた。

そうであるなら、なぜ真央がグランプリシリーズには出られるのか。それが母にはわからなかった。その矛盾《むじゅん》に対する合理的な説明も、誰《だれ》もしてはくれなかった。

それでも真央は、シニアのグランプリシリーズに出られることを無邪気《むじゃき》に喜んでいた。

真央にとってシニアグランプリは、大好きな選手に会えるチャンスだった。

サーシャ・コーエンに会える。スルツカヤに会える。会えたらサインをもらっちゃおう。

ほとんどファンの心理で、真央は心を躍《おど》らせていた。

## 大人と少女の間

「真央、こんなふうにやってみて」

樋口《ひぐち》コーチが、スカートの裾《すそ》をヒラヒラと振ってから、ポーズを決める。来《きた》るべきシーズンのショートプログラム『カルメン』の最後を飾《かざ》る振付《ふりつけ》をしていたときのことである。

それはグランプリシリーズ初戦の中国《ちゅうごく》大会が1か月に迫《せま》った2005年10月初旬《しょじゅん》のことだった。例年なら振付《ふりつけ》も含め、プログラムの構成は夏の時点で終わっていなければおかしい。

なぜ、この時期にずれ込んでしまったのか。それは、ショートプログラムの曲が急遽《きゅうきょ》変更になってしまったからだった。

このシーズン、真央はショートの振付《ふりつけ》をリー・アン・ミラーに、そしてフリーの振付《ふりつけ》を世界的なコリオグラファー（振付師《ふりつけし》）、カナダのローリー・ニコルに依頼《いらい》していた。曲選びを自分でしたのは初めての体験で迷いもしたが、振付《ふりつけ》はおおむね順調に進んでいた。

フリーのほうは完璧《かんぺき》だった。曲は、真央がバレエをやっていたころ毎年踊《おど》っていた『くるみ割り人形』。真央にとってもお気に入りの一曲だった。

プログラムを見た周囲の人たちの評判もすこぶる良かった。しかし、ショートの『スノーダンス』の評判は今一つだった。

そこで急遽《きゅうきょ》、ショートプログラムを、曲も含めて変更することになった。それが9月のこと。というわけでショートの振付《ふりつけ》が、10月にずれてしまったのである。

そんな急ピッチの振付《ふりつけ》作業にも、真央はまったく動じなかった。振付《ふりつけ》を覚える早さには自信があったし、それにこのとき選んだ曲が、真央にとってなじみの深いものだったからである。

新たにショートプログラムに選んだ『カルメン』は、中学校1年生のときにエキシビションで演じていた曲だった。

中学校1年生のときの『カルメン』は、大人の女性を真似《まね》て一生懸命《いっしょうけんめい》に演技する、幼《おさな》い少女のイメージで、かわいらしさを強調したものだった。

しかし、中学校3年生になった真央の身長は、そのころに比べて15センチも伸び、160センチに届こうとしていた。

成長に合わせて、振付《ふりつけ》も変えた。奔放《ほんぽう》にふるまって、男心をほんろうするカルメン。男に頬《ほお》をぶたれても、なぜ、と意外そうにポニーテールの髪をくるりと回して笑顔《えがお》で乗り切る。中学校1年生のときの『カルメン』よりも、ずっと大人びた振付《ふりつけ》になった。

振付《ふりつけ》は、真央と樋口《ひぐち》コーチの共同作業で行われた。真央も積極的にアイデアを出す。振《ふり》付《つけ》を作り上げていくことを、真央は楽しんでいた。

『カルメン』の最後の振付《ふりつけ》は、ちょっとした行き違いから生まれた。

樋口《ひぐち》コーチがスカートを片手で持ってヒラヒラさせる振付《ふりつけ》をやってみせる。

「真央、こんなふうにやってみて」

「こうですか？」

真央が、樋口《ひぐち》コーチの真似《まね》をする。このとき、真央は少しだけ見間違っていた。なぜか真央はスカートを持たないまま、腰《こし》の横で手をヒラヒラと振ったのである。

それが樋口《ひぐち》コーチには、とても魅力的《みりょくてき》に映った。いかにも真央らしいと感じた。

「いいねえ、それ、もらっちゃおう」

「やった！」

こうして真央のショートプログラム『カルメン』は完成した。『カルメン』と『くるみ割り人形』で、真央はグランプリシリーズを席巻《せっけん》することになる。

第4章

# 真央フィーバー

フォート・キシモト

2005年、グランプリファイナル(東京)。ショートプログラム『カルメン』

## ファイナルを制覇《せいは》した15歳

シニアのグランプリシリーズで競《きそ》い合うのは、真央が憧《あこが》れるようなシニアの強豪《きょうごう》ばかりである。優勝できるとは思えなかった。だから、こう考えることにした。

「精いっぱい、楽しもう！」

もちろん、試合のときは緊張《きんちょう》した。それでも真央は、中国《ちゅうごく》大会ではスルツカヤに次いで2位。フランス大会ではサーシャ・コーエンを破って優勝する。

そして気がつくと、ファイナル進出を決めていた。緊張《きんちょう》しても結果が出せるという、真央の〝不思議《ふしぎ》な快進撃《かいしんげき》〟は、このときもまだ続いていたのである。

このころの真央の得意技の一つに、ビールマンスピンがある。数あるスピンの中で最も難易度《なんいど》が高いとされるスピンである。片脚《かたあし》を背後から大きく頭上に両手で掲《かか》げながら回転する大技で、これができる選手は、当時世界でも中野友加里《なかのゆかり》など数えるほどしかいなかった。

そんな難《むずか》しいビールマンスピンを、真央は軽々と決めることができた。しかも真央のビールマンは、掲《かか》げた脚《あし》を片手でささえるワンハンド・ビールマンだった。

世界で真央にしかできないオリジナル技だった。ワンハンドにしても得点には反映されなかったが、真央は自分らしさにこだわった。いつしかワンハンド・ビールマンは、トリプルアクセルとともに真央の代名詞にもなっていた。

2005年12月、東京《とうきょう》の代々木《よよぎ》第一体育館で行われたグランプリファイナル、初日のショートプログラム。曲はもちろん『カルメン』である。

バイオリンの煽情的《せんじょうてき》な響きが音階を駆《か》け上がると同時に、真央の演技が始まる。冒頭《ぼうとう》のジャンプは、跳《と》び方としてはアクセルに次ぐ難《むずか》しさといわれるルッツの、3回転ジャンプ。これを見事に決めて波に乗った真央は、続く3回転2連続ジャンプも難《なん》なく決めた。ポニーテールを回すしぐさで観客を魅了《みりょう》する。

優雅《ゆうが》なスパイラルを挟《はさ》んで、ワンハンド・ビールマンスピン。観客の拍手《はくしゅ》が巻き起こる。その拍手《はくしゅ》は、カルメンが踏《ふ》む高速ステップに合わせ、手拍子《てびょうし》に変わっていった。

最後のジャンプであるダブルアクセルを決めると、歓声《かんせい》はさらに高まった。演技がうまくいっている。お客さんが喜んでくれている。そのことが嬉《うれ》しかった。演技を続けながら、真央は瞳《ひとみ》を潤《うる》ませた。

締《し》めくくりは2度のワンハンド・ビールマンスピン、そして手をスカートの横でヒラヒラと揺《ゆ》らしてから、最後のポーズを決めた。

場内は大喝采《だいかっさい》に包まれた。

こぼれそうになる感動の涙をそっと拭《ぬぐ》って、真央は笑顔《えがお》で声援《せいえん》に応えた。『カルメン』に与えられた評価は、ショートプログラムで1位。

シニアの強豪《きょうごう》たちに混じってのことだから、ショートで首位を獲《と》るだけでも、ものすごいことだった。しかし、真央の勢いは止まらない。

2日目のフリーは『くるみ割り人形』。

バレエ時代の『くるみ割り人形』で演じたのは脇役《わきやく》ばかりだったけれど、今は違う。最終滑走者《かっそうしゃ》としてリンクに登場した真央に、世界中の視線が注《そそ》がれている。この日の主役は、間違いなく真央だった。

三拍子《さんびょうし》のファンファーレが、主役の演技の始まりを告《つ》げる。はじめのトリプルアクセルは高く、完璧《かんぺき》に決まった。そのあとも真央の演技はパーフェクトだった。

後半の3回転＋2回転を決めたあとには滑《すべ》りながらのガッツポーズ。最後のスピンを終えるまで、真央は演じることの喜びを全身で表現した。

演技を終えた真央を、代々木《よよぎ》第一体育館の観客全員がスタンディングオベーションで讃《たた》

第4章

# 真央フィーバー

2005年、15歳で制したグランプリファイナル（東京）。フリー『くるみ割り人形』の演技

えた。フラワースケーターと呼ばれる10人以上の幼《おさな》いスケーターたちが忙しくリンクの花束を拾う。けれども花束は、いつまでも降り注《そそ》ぎ続けた。

とても両手には抱《かか》えきれない。だから真央は、観客席に滑《すべ》り寄って、そのいくつかを受け取った。あっという間に両腕《りょううで》がいっぱいになる。最後に受け取ったレゴブロックの袋を掲《かか》げて、真央は改めて観客席に笑顔《えがお》を送った。

いったいどれほどの得点が出るのか。観客席から、ジャッジの集計を急《せ》かすように大きな手拍子《てびょうし》が沸《わ》き上がる。アナウンスされたのは、驚くべき高得点だった。

自《みずか》らのフリーの自己ベストを塗《ぬ》り替える125.24、総合でもパーソナルベストの189.62。ぶっちぎりの優勝だった。やった！　真央は山田コーチと抱き合った。

観客席の拍手《はくしゅ》は、最後のワンハンド・ビールマンスピンで巻き起こってから、得点発表のときの一瞬《いっしゅん》の静寂《せいじゃく》を挟《はさ》んで、もう4分以上も続いていた。真央はもう1度立ち上がって、瞳《ひとみ》を潤《うる》ませながら手を振った。

## 「自分が出るのはバンクーバー」

グランプリファイナルを制したことで、いわゆる『真央ちゃんフィーバー』が巻き起こった。フィーバーは、続く全日本選手権での快挙《かいきょ》によってさらに大きなうねりに変わった。ショート3位で迎えたフリーの『くるみ割り人形』。その冒頭《ぼうとう》、リンクに半円を描《えが》いた真央は、完璧《かんぺき》なトリプルアクセルを決めた。

しかし真央は、軽くステップを織《お》り交ぜながら、なおも円を描《えが》き続けた。そして最初のトリプルアクセルから間もなく1周半に達しようとする直前、真央は再び、宙《ちゅう》を舞《ま》った。トリプルアクセル。しかも今度は、トウループジャンプを加えた連続ジャンプである。トリプルアクセルの連続ジャンプも史上初なら、1つのプログラムに2回のトリプルアクセルを跳《と》んだのも、世界で初めての偉業《いぎょう》だった。

総合結果は2位だったが、日本中が大騒《おおさわ》ぎになった。この日を境に、真央のトリノ・オリンピック出場を求める声が一段と高まった。

「年齢規定にたった87日届かないだけでオリンピックに出られないなんておかしい！」

「トリノで真央ちゃんのトリプルアクセルが見たい！」

「真央ちゃんをトリノに出してあげて！」。

当時の総理大臣・小泉純一郎《こいずみじゅんいちろう》でさえ「どうしてオリンピックに出られないのか不思議《ふしぎ》だ」と異例《いれい》のコメントを発表した。全米3大ネットワークの一つNBCをはじめ、海外のメディアでも取り上げられたほどだった。

真央のトリノ出場をめぐる報道は、連日連夜、テレビ、新聞、雑誌をにぎわせていた。過熱《かねつ》する報道を眺《なが》めながら、母はふと、真央が生まれたときのことを思ったという。

ふつうよりも長くお腹にいた真央。もっと早く生んであげられたら、トリノに出してあげられたのかもしれない。でも、真央は気にかける様子はなかった。

当時の思いを、真央はこんなふうに振り返る。

「あのころは、『トリノに出たいですか』って毎日聞かれてました。でも、がんばれば出られるわけでもなかった。それに自分が出るのはバンクーバーだってずっと思ってましたから」

結局、真央のトリノ・オリンピック出場はかなわなかった。山田コーチは、今でも時折、そのころの悔《くや》しさを思い出すことがあるという。

「出してあげたかったですね。グランプリファイナルを獲《と》って、真央は世界のトップに立った。そこからさらに4年あるというのは、あまりに長いと思いました」

4年間ずっとトップを保ち続けるというのは、どんなトップアスリートにとっても厳しい。山田コーチは、「せめて次のオリンピックに成長のピークが来るように、もうちょっと真央、下手でいてくれたらな」とすら考えたという。でも、そんな山田コーチに、真央は笑顔《えがお》でこう言った。

「4年間がんばりまーす！」

2006年2月にイタリア・トリノで開催《かいさい》された第20回冬季《とうき》オリンピック。パラッツォ・ア・ベラ屋内競技場で行われた女子フィギュアスケートは、大混戦の展開となった。本命と見られていたスルツカヤやコーエンが、次々とジャンプに失敗して転倒。オリンピックという重圧が、百戦錬磨《ひゃくせんれんま》の彼女たちのスケーティングをくるわせていた。そんな中でただ一人、自分の滑《すべ》りを貫《つらぬ》いた選手がいた。荒川静香《あらかわしずか》である。

繊細《せんさい》なスケーティング、完璧《かんぺき》なジャンプ、そして優雅《ゆうが》な表現力。のちに日本中で流行語にもなったイナバウアーも、採点には直接関係ないにかかわらず堂々と披露《ひろう》した。

その演技を、真央は自宅のテレビで見つめていた。母が話しかけても振り向きもせずに

「シッ」と制して、まるで自分が滑《すべ》っているかのように荒川《あらかわ》に見入った。

自分を貫《つらぬ》いた荒川《あらかわ》は、逆転で優勝し、日本フィギュアスケート界に初の金メダルをもたらした。その姿を、真央はしっかりと目に焼きつけた。

実は真央は、このシーズンの中国《ちゅうごく》大会とフランス大会で、2度にわたって荒川《あらかわ》を破っていた。それでも、荒川《あらかわ》の金メダルには心から感動したという。

「トリノではみんな、普段では考えられないようなミスをしていました。だから、『ああ、これがオリンピックなんだなあ』って、改めて思いました。そんな雰囲気《ふんいき》の中で金メダルを獲《と》った荒川《あらかわ》さんは、やっぱりすごいと思いましたね」

オリンピック。小学校1年生で初めてテレビで観たとき、その舞台《ぶたい》に立つことは憧《あこが》れるべき夢でしかなかった。でも今は違う。

15歳の真央にとって、オリンピックは目指すべき目標となっていた。4年後のバンクーバーに向かって、真央はついに走り始める。ただそれは、知られざる険《けわ》しい道のりでもあった。

## 新たな「緊張《きんちょう》」

ファイナルを制し、全日本選手権では2回のトリプルアクセルを成功させた真央。その結果だけを見れば、真央は絶好調だった。だから誰《だれ》も真央の変化に気づかなかった。〝不《ふ》思議《しぎ》な快進撃《かいしんげき》〟が終わりを告《つ》げようとしていたことも。

2006年3月、シーズン最後の大きな舞台《ぶたい》、世界ジュニア選手権。昨年度のチャンピオンとして臨《のぞ》んだ真央の様子は、いつもと少し違っていた。

試合前のインタビューでも、こんなふうに答えていた。

「あんまり調子が良くありません」

こうしたマイナスの発言を真央がするのは、珍《めずら》しいことだった。真央は、言いわけが嫌《きら》いだった。試合前に「調子が悪い」と言えば、失敗したときの言いわけにもなってしまう。同じ理由で、「誰《だれ》かのために滑《すべ》る」という言葉もほとんど使わなかった。スケートはあくまで自分のためにやっている。もしも「誰《だれ》かのために滑《すべ》る」と言って失敗したら、失敗が、その誰《だれ》かのせいになってしまう。

成功しても失敗しても、すべてを自分で引き受けたい。言いわけは絶対にしたくない。

それが、真央の考え方だった。

でも、この世界ジュニアでは、「調子が悪い」という言葉を使った。そう言わざるをえないほど、真央は追い詰《つ》められていた。

世界ジュニアでの真央の演技は、明らかに精彩《せいさい》を欠いていた。フリーでは、冒頭《ぼうとう》のトリプルアクセルが1回転アクセルになってしまった。トリプルアクセルを失敗したのは、このシーズンを通して初めてのことだった。

この失敗の理由の一つは真央の体型の変化にあった。

一般的に、体型の変化がジャンプにおよぼす影響《えいきょう》を、佐藤信夫《さとうのぶお》コーチはこんなふうに語る。

「たとえば指の長さが3センチ変わったとしますね。それだけで、すべてのバランスが変わってきてしまうんです。高難度《こうなんど》のジャンプなら、その影響《えいきょう》はさらに大きくなります」

このころ、真央の身長はさらに伸びて、１６０センチを超《こ》えていた。毎日の練習によって身長の変化に対応し続けてきた真央にとっても、それは大きすぎる変化だった。

しかし、このトリプルアクセルの失敗には、別の理由もあった。「勝ちたい」という思いから来る緊張《きんちょう》である。真央にとって「勝つ」とは、「誰《だれ》かに勝つ」ではなく、「優勝すること」である。真央は、この世界ジュニアのときの心境を、こう振り返った。

「あのときは2連覇《れんぱ》がかかっていましたから、勝ちたいという気持ちが強かったんです。でも、それが強すぎて、緊張《きんちょう》してしまったんだと思います」

前年の全日本選手権までは、「自分の演技ができるかどうか」がすべてだった。緊張《きんちょう》も「自分の最高の滑《すべ》りをしたい」という思いから生まれていた。

だからそれは緊張《きんちょう》というよりも「演技への緊張感《きんちょうかん》」というべきものだったのかもしれない。その緊張感《きんちょうかん》は、演技への集中力にもつながっていただろうし、〝不思議《ふしぎ》な快進撃《かいしんげき》〟をささえていた何かであったのだろう。

しかし、2006年の世界ジュニア選手権で感じた緊張《きんちょう》は、それまでとは別ものだった。シニアのグランプリシリーズのチャンピオンにして、前年の世界ジュニアの優勝者。いつしか真央は、「挑戦者《ちょうせんしゃ》」ではなく、「つねに優勝を期待される選手」になっていた。

そのことで、知らず知らずのうちに「勝たなければ」という思いが強まり、緊張《きんちょう》につながっていたのである。

フィギュアスケートは対人競技ではなく、採点競技である。自分の演技にいかに集中するかが重要になる。だから「優勝」への意識は演技の邪魔《じゃま》にしかならない。集中力がそがれてしまうし、ミスの原因になってしまう。

その緊張《きんちょう》が、真央を弱気にさせていた。「調子が悪い」と言ってしまったのも、そのせいだった。でも、その弱気に負けてはいけない。言いわけだって、本当はしたくなかった。だから、この世界ジュニア以降、真央はまた、いっさいの言いわけをしなくなった。

それでもこれ以降、真央は、自分の意志とは関係なく、「勝ちを意識することによる緊《きん》張《ちょう》」にしばられるようになる。それとどう向き合っていくのか。その葛藤《かっとう》は、バンクーバーの大舞台《おおぶたい》まで続いていくことになる。

## 交換日記

この2006年の世界ジュニア選手権で優勝したのは、前年2位の、韓国《かんこく》のキム・ヨナだった。

「真央がミスをしたから勝てた」と語るように、キム・ヨナは明らかに真央を意識していた。ここまでの勝敗は1勝1敗。マスコミはキム・ヨナを真央のライバルとして煽《あお》り立てた。

もちろん真央にとっても、キム・ヨナは気になる選手だった。真央と同じ1990年9

月生まれ。姉が元フィギュアスケート選手であることも共通していた。

初対決のときから「この子はうまくなる」と感じていたし、ずっと一緒に滑《すべ》っていけることを、真央はとても嬉《うれ》しく思っていた。

でも、キム・ヨナに対して、「この人だけには絶対負けたくない」という思いは生まれなかった。そう思えるライバルは、やっぱり舞、一人だけだった。

その唯一《ゆいいつ》のライバル舞は、この時期、かつてない大スランプに見舞《みま》われていた。互角《ごかく》の戦いを繰《く》り広げていた姉妹対決でも、2004年以降は、真央に1度も勝てなくなっていた。2004年の足の骨折《こっせつ》以降も、あちこちと怪我《けが》が重なっていた。

フィギュアスケーターにおける怪我《けが》の重大性について、佐藤信夫《さとうのぶお》コーチは次のように解説する。

「怪我《けが》が3か月で治っても、スケートそのものをすぐに以前の状態に戻せるわけではありません。怪我《けが》の中身にもよりますが、たとえば3か月の怪我《けが》ならば、完全にもとに戻すには、必死に努力をしても、ふつう1年はかかる。そういうものです」

度重《たびかさ》なる怪我《けが》、最悪のコンディション。しかも舞の悩みは、それにとどまらなかった。舞には、スケートのほかにもやりたいことがたくさんあった。中学生でやめたバレエも本当は続けていたかったし、ふつうの高校生のような自由な生活にも憧《あこが》れていた。

だから練習に身が入らない。そればかりか、練習が辛《つら》くてたまらなかった。練習中、リンク脇《わき》のトイレに閉じこもってしまうことさえあった。トイレのドア越《ご》しに真央が「舞?」と語りかけても、ほとんど返事がない。トイレの中で、舞は泣いていた。


舞は、「今だからふつうに話せますけど」と前置きしてから、当時の心境をこう振り返る。

「あのころはもう、本当にひどい状態だったんですよ。母には『しっかりしなさい』と厳《きび》しく言われました。母の気持ちも、すごくよくわかった。だから余計に苦しかったんです」

誰《だれ》かに真央と比べられているんじゃないか。実際に誰《だれ》かから真央と比較されたわけではなかったが、人の視線が気になって仕方がなかった。毎日が、とても辛《つら》かった。

そんな舞の辛《つら》さは、真央にもひしひしと伝わっていた。

だから真央は、何度も真剣《しんけん》に、舞に尋《たず》ねた。

「舞、本当はどうしたい? ほかにやりたいことがあるなら、無理しなくてもいいんだよ」

けれども、舞ははっきりと答えない。

舞自身、自分が本当はどうしたいのか、わからなくなっていた。そんな、ある日のこと。

落ち込んでいる舞に、真央は一つの提案をした。

「舞、交換日記をしよう。口で言えないことでも、文章でなら伝えられるでしょ」

こうして浅田姉妹の交換日記が始まった。その内容を、舞は今もはっきりと覚えている。

「いろんなことを書きましたし、真央もいろんなことを書いてくれたんです。『ほかに本当にやりたいことがあるなら、そっちをやってもいいんだよ、無理することない』とか。『でも、真央は、舞とずっと一緒に、スケートをやっていきたいよ』とか」

真央の言葉の一つひとつが、舞の固くなった心を溶《と》かしていった。そして舞は気づく。やっぱり、自分だってスケートが好きなんだと。舞はスケートをやめなかった。

「そのころには、もう真央には追いつけないだろうなって予感してました。でも、私は私。自分らしく滑《すべ》っていけばいいって、少しずつ思えるようになったんですよ」

永遠のライバルが自分を取り戻してくれたことを、真央は心から喜んでいた。舞とは、ずっと競《きそ》い合っていたい。真央にとって舞は、やっぱり「唯一無二《ゆいいつむに》のライバル」だった。

舞が完全に自分を取り戻すのは、もう少しあと。そしてその時期は、真央の重要な転機にも重なっていた。

afio

アイスショーで共演する真央（左）と舞（右）。
2010年７月『ザ・アイス』

# 第5章 アイスキャッスル

## フィギュアスケートブーム

真央が2005年のグランプリファイナルを制して以来、日本は空前のフィギュアスケートブームに沸《わ》いていた。荒川《あらかわ》の金メダルが、そのブームに拍車《はくしゃ》をかけた。

2006年4月、真央が中京《ちゅうきょう》大中京《ちゅうきょう》高校に入学したころには、日本中のスケートリンクが一般客で溢《あふ》れかえるようになっていた。グランプリ東海《とうかい》クラブが練習を行う大須《おおす》のリンクでも、同じことが起こっていた。

大好きなスケートが世間で注目されることは、真央にとっても嬉《うれ》しいことではあった。しかし、リンクがにぎわえばにぎわうほど、真央の練習スペースがなくなってしまう。満足な練習ができない。日中での練習が難《むずか》しくなったため、真央はリンクが空く深夜2時や早朝4時といった時間に練習せざるをえなくなった。睡眠《すいみん》時間さえ削《けず》る毎日である。

そんな真央の様子を、山田コーチは見るに見かねていた。バンクーバー・オリンピックまでの4年間を、この状態で真央に過ごさせていいわけはない。そこで山田コーチは、真央にアメリカ行きを提案した。その真意を、山田コーチはこう語る。

「アメリカは、オリンピックごとにメダリストを輩出《はいしゅつ》するスケート強豪国《きょうごうこく》です。そこでスケートを学ぶことは、絶対に真央の将来に生きると思いました」

その提案は、実質的に、真央との師弟《してい》関係の解消を意味した。手塩《てしお》にかけて育ててきた真央を手放《てばな》すということが、簡単であったはずはない。

けれども、山田コーチには真央と離れなければならない別の事情もあった。実は山田コーチは、この前年に事故に遭《あ》い、立つこともままならない状態だったのである。樋口《ひぐち》コーチに車椅子《くるまいす》を押してもらってグランプリシリーズにも帯同《たいどう》できなかったし、初優勝したファイナルにも、樋口コーチに車椅子を押してもらって駆《か》けつけなければならない状態だった。

このまま自分と一緒にいるよりも、しっかりと真央を見続けられるコーチに習わせたほうがいい。それが、山田コーチが真央にアメリカ行きを勧《すす》めたもう一つの理由だった。

小学校5年生から5年間もお世話になった山田コーチとの別れは、真央にとっては辛《つら》いことだった。日本を離れることへの不安もあった。でも、山田コーチの思いやりが、真央には十分に伝わっていた。その思いに応えたい。真央はアメリカ行きを決断した。

真央の新しいコーチ選びが始まった。コーチ選びでは、マネジメント会社ＩＭＧ《アイエムジー》の力を借りた。世界中のトップアスリートを扱うＩＭＧを通じてなら、いいコーチが見つかるかもしれない。

新しいコーチを探すにあたって、母はＩＭＧに、いくつか条件を提案した。中でも重要視したのは、「ほかの女子選手を抱《かか》えていないコーチ」という条件だった。

その理由は、二つ。一つは、すでにほかの女子選手を見ているコーチに依頼《いらい》をするのは、失礼にあたると考えたこと。その師弟《してい》関係に横やりを入れるようなものだからである。もう一つは、片手間《かたてま》ではなく、真央だけをしっかりと見てほしいという母の願いからであった。

何人かのコーチの名前が浮かんでは消えた。その中で残ったのが、ロシア人のラファエル・アルトゥニアンだった。

ラファエルは、かつてはミシェル・クワンを指導《しどう》し、トリノ・オリンピックでジェフリー・バトルに銅メダルを獲《と》らせたという実績を持っていた。

またラファエルのもとには、真央と一緒に滑《すべ》ることのできるアシスタントコーチもいた。それに何より、ラファエルはシニアの女子選手を抱《かか》えていなかった。

「真央、男の先生だけど、大丈夫かな」

「うん」

真央は、元気よく答えた。新しいことにどんどん挑戦《ちょうせん》したかった。男の先生に習ったら、また新しい発見ができるかもしれない。真央はあくまで前向きだった。

ラファエルとは、ジャンプコーチとしての契約《けいやく》となった。真央にはメインコーチがいなかったので、実質的に総合コーチの役割も期待しての依頼《いらい》だった。

真央をアメリカに送り出すとき、山田コーチは言った。

「私にできることがあったら遠慮《えんりょ》なく言ってね。応援《おうえん》するから」

山田コーチの熱い思いが、真央の胸《むね》に響いた。先生のためにも、がんばらなきゃ。

2006年8月、真央は母と舞とともに、アメリカへと旅立った。

## ラファエル・アルトゥニアン

新たな練習拠点《きょてん》、ロサンゼルス北東の高地に位置するレイクアローヘッド。ラファエルとの初対面は、宿泊先のホテルのラウンジだった。

あいさつも早々に、ラファエルは言った。

「ちょっと、滑《すべ》りを見せてほしいんだが」

さっそくリンクに移動して、練習開始である。ウォームアップをすませて、リンクに乗る。ラファエルはただ、それをじっと見つめているだけだった。

スケーティング、スピン、スパイラル、ジャンプ。日本でやってきたのと同じメニューで、真央はひたすら滑《すべ》り続けた。それでもラファエルは、時折「これをやってみてくれ」とリクエストするほかは、ほとんど何もしゃべらなかった。

どんなふうに思われたんだろう。真央はちょっと不安になった。けれども、その不安は無用だった。再びホテルのラウンジで話をしたとき、ラファエルは言った。

「真央はとてもクレバーな（賢《かしこ》い）選手だ。だから僕《ぼく》は、真央の言う通りにしようと思う。そうすればすべてがうまくいく。みんなもそうしてくれ」

その言葉に、真央は少し戸惑《とまど》った。日本では、コーチの言うことは絶対だった。コーチが計画を立て、それに選手が従うという師弟《してい》関係が当たり前だった。逆に言えば、選手が「こうしたい」と言わなくても、コーチがすべてを察してくれた。

しかし、ラファエルは真央の意見に従うという。そして事実、ラファエルはその姿勢を貫《つらぬ》いた。真央はことあるごとに、「どう思う？」「どうしたい？」と尋《たず》ねられた。

自分の意志を、はっきりと伝えること。それに慣《な》れるまでに、真央は少し時間がかかった。そのことで、ラファエルに叱《しか》られたこともあった。

練習中、脚《あし》を痛めたときのことである。たいした怪我《けが》ではないと思った。だから怪《け》我《が》のことをラファエルに告《つ》げずに、我慢《がまん》して練習を続けた。

けれども痛みは増すばかり。真央がラファエルに「脚《あし》が痛い」と明かしたのは、怪《け》我《が》をして3日目のことだった。ラファエルは顔を真っ赤にして怒った。

「なぜ、早く言ってくれなかったんだ！　僕《ぼく》は君に、練習を続けさせてしまったじゃないか！　そのまま怪我《けが》が悪化《あっか》したら、どうするつもりだったんだ！」

真央は改めて思った。ここではコーチと選手は対等なんだ。変わらなきゃいけない、自分の意見をはっきり言えるようにならな

フォート・キシモト

ラファエル（左）と真央。
（2006年12月グランプリファイナル〈ロシア〉のときのもの）

きゃいけないんだな。

それ以来、真央は積極的に、ラファエルとコミュニケーションを取るようになった。技術指導《しどう》での細かいニュアンスは、通訳を通じて確認した。

「アグレッシブ！（もっと積極的に）」

練習リンクにラファエルの太い声が響く。その声に励《はげ》まされるように、真央がジャンプを跳《と》ぶ。するとラファエルは、嬉《うれ》しそうに叫《さけ》んだ。

「ハラショー、マオ、ハラショー！」

「ハラショー」とは「素晴《すば》らしい」という意味。ラファエルの言葉には、時折ロシア語が混じった。

さすがにロシア語はわからない。けれども、ラファエルの情熱は、十分に伝わってきた。こうしてラファエルとの信頼《しんらい》関係は、徐々に深まっていった。

## アイスキャッスル

レイクアローヘッドでの練習場所は、アイスキャッスルというリンクだった。名コーチ

第5章

アイスキャッスル

フランク・キャロルによって創設され、多くのトップ選手を輩出《はいしゅつ》した名リンクである。広さは、大須《おおす》のリンクの3分の2程度だったが、日曜日の限られた時間以外はスケート選手専用になっていたから、真央が使える練習スペースはそれまでよりもずっと広かった。

アイスキャッスルでの練習スケジュールは、だいたい決まっていた。まずトレーニングジムでウォームアップをすませる。それからリンクへ移動して、スケーティングからジャンプまでを組み合わせた「セッション」と呼ばれる約45分のローテーションメニューを、昼食を挟《はさ》んで合計で4、5回行う。

その後、再びトレーニングジムに移動して、今度はウエイトトレーニング。風呂《ふろ》上がりのストレッチを含めて、約6時間の練習である。

練習時間そのものは、大須《おおす》のころよりも短かったが、練習密度《みつど》は比べものにならないほど濃《こ》くなっていた。練習を終えればいつもくたくた。でも、それが、真央にとっては心地良かった。

アイスキャッスルには、「マオ・アサダと一緒に滑《すべ》りたい」と、若いスケーターたちがやってくることもあった。ラファエルのかつての教え子、ジェフリー・バトルとも同じリンクで練習した。彼らと一緒に滑《すべ》ることで、「もっとがんばろう」という気持ちが強まった。

リンクにはノートを持ち込んだ。真央は、すでに中学時代から、練習メモを少しずつ取り始めていた。ただ中学時代は、終わったことをくよくよと悩まない楽天家の真央は、習ったことも忘れがちだった。メモを取り忘れることも多かったし、ノートを読み返すこともほとんどなかった。

でも、中京《ちゅうきょう》大中京《ちゅうきょう》高校の先生から「もっとしっかりノートをつけて、それを毎日読み返しなさい、そうすれば技術の吸収は早まるよ」とアドバイスされて以来、真央は変わった。ラファエルから教わった新しい技術や注意をすべて書きとめるようになった。何時から何時まで、どういう練習をしていたか、その日の体重、体調なども、細かく記した。寝る前にはそのノートを必ず読み返し、頭の中を整理した。

レイクアローヘッドでの生活は、日本とはまったく違っていた。街を歩いても真央だと気づかれることはほとんどない。また気づかれても、日本でのように騒《さわ》がれることもなかった。

日本が恋しくないわけではなかった。エアロにも会いたかった。けれども、スケートの練習に没頭《ぼっとう》できることは、真央にとって何ものにも代えがたいことだった。

## 進化する大技

2006年夏、真央は、カナダでも有数のスポーツ複合施設《しせつ》、グラニットクラブのリンクへと向かった。前年に引き続き、ローリー・ニコルに振付《ふりつけ》をしてもらうためである。

プログラム作りは通常、得点の対象になるエレメンツ（ジャンプやスピン、スパイラルなどの構成が先に決められる。コリオ（振付《ふりつけ》）がつけられるのは、そのあとになる。

ただ、コリオグラファー（振付師《ふりつけし》）は、その職業柄《しょくぎょうがら》、どちらかといえば得点よりも見栄《みば》えを重視する傾向《けいこう》がある。そうなると、エレメンツと振付《ふりつけ》のどちらを優先させるかで、コーチとコリオグラファーの間で葛藤《かっとう》が起こることがある。

樋口《ひぐち》コーチのときのようにコリオグラファーとコーチが兼任《けんにん》の場合は、問題はない。しかし、ローリーはコリオのみを行う。

それまでの真央にとって、「ラン」、すなわちふつうに滑《すべ》る部分は、次のジャンプに向かって頭を整理し、体勢を整える準備時間だった。

しかし、ローリーのコリオには「ラン」がほとんどなかった。ジャンプとジャンプの間に、隙間《すきま》なくステップを埋《う》め込んだのである。

これではジャンプへの集中力が落ちてしまう。プログラムをめぐってラファエルとローリーが衝突《しょうとつ》してもおかしくはなかった。しかし、衝突《しょうとつ》は起きなかった。真央が、エレメンツとコリオを、すべて両立しようとしたからである。そしてその結果、とてつもない大技が誕生《たんじょう》した。

ステップからのトリプルアクセル。ブレードの向きを前、後ろ、前、とすばやく切り替えるというステップを踏《ふ》んだ直後にトリプルアクセルを跳《と》ぶ。超高難度《ちょうこうなんど》の大技である。ジャンプの前にステップを踏《ふ》めば、助走のスピードが落ち、ジャンプを跳《と》ぶのは格段に難《むずか》しくなる。それを、ただでさえ難《むずか》しいトリプルアクセルで実現させようというのである。

そんな技に挑戦《ちょうせん》しようという女子選手は、世界中を探してもいない。男子でも、現在それをまともに跳《と》べるのは、ジェレミー・アボットくらいのものである。

成功すれば、もちろん世界初の快挙《かいきょ》である。しかし、その挑戦《ちょうせん》は、真央にとっても、極《きわ》めて困難《こんなん》なものだった。

問題は、いかにステップでスピードを落とさないまま、ジャンプに持っていくかということだった。ステップを入れて、まずシングルで跳《と》んでみる。それが跳《と》べるようになったら、ダブルで跳《と》んでみる。ダブルまでは、なんとかうまくいった。

しかし、トリプルアクセルでやってみると、明らかに助走スピードが足りなかった。何度も転び、何度も氷に腰《こし》を打ちつけた。それでも真央は、挑戦《ちょうせん》し続けた。

「難《むずか》しい技だからこそ、挑戦《ちょうせん》したい」

それが、真央のスタイルだった。

## 「勝って当然」

フィギュアスケートのシーズンは、年が変わるのを境に、前半と後半に分けられる。シニアの日本人トップ選手が出場する主な大会は、前半がファイナルを目指すグランプリシリーズ、そして全日本選手権。後半が四大陸選手権、世界選手権。これらに日米対抗フィギュアやジャパンオープン、シーズンによってはオリンピックが加わってくる。

どの大会を重視するかは選手によって違うだろう。ただ、あえて重要な大会を3つ挙《あ》げるとすれば、グランプリファイナル、全日本選手権、世界選手権かもしれない。

といっても、選手たちはシーズンを通じて滑《すべ》り込むことでプログラムの完成度を上げていく。前半のグランプリファイナルと全日本選手権あたりでは、完成度を上げている途中である。

だから、オリンピックシーズン以外では、シーズン終盤《しゅうばん》におかれた世界選手権が最高峰《さいこうほう》の大会とされ、そこで優勝したものが「世界チャンピオン」の称号《しょうごう》を得る。

真央にとっても世界選手権は、11歳のときに長野《ながの》で見て以来の大きな目標だった。あれから5年。16歳になったことで、真央もようやく正式にシニア選手の仲間入りである。

これで晴れて、世界選手権に出られる。憧《あこが》れ続けた夢の舞台《ぶたい》に立てることに、真央は心を躍《おど》らせていた。

ただ2006－07シーズン、真央にはもう一つの目標があった。12月のグランプリファイナルである。

連覇《れんぱ》がかかっているから、ということもあった。でも、最も大きな理由は、それがロシアのサンクトペテルブルクで開かれるということだった。

サンクトペテルブルクには、クラシックバレエの聖地《せいち》、マリインスキー劇場《げきじょう》がある。チャイコフスキーの3大バレエが生まれた歌劇場《かげきじょう》。そこは、母の憧《あこが》れの場所だった。

「いつかサンクトペテルブルクに行ってみたいなあ」

そんな母の言葉を、真央は幼《おさな》いころから何度も聞いていた。だからファイナルに進出して、母をサンクトペテルブルクに連れて行ってあげたいと考えていたのである。

一方、真央を取り囲む目は、前シーズンよりも厳《きび》しくなっていた。真央は前年のファイナルのチャンピオンである。

「子どもなのにすごい」とか、「まだ小さいのにシニア並の滑《すべ》りをするなんて」とは、もう見られない。昨年までシニアのトップを追いかけていた真央は、いつしか追われる立場になっていた。

勝って当然、そんな雰囲気《ふんいき》が流れていた。シーズン最初の試合である10月の日米対抗戦で優勝しても、もう誰《だれ》も驚かなかった。

## 波乱《はらん》の幕開《まくあ》け

10月下旬《げじゅん》、グランプリシリーズ初戦のアメリカ大会のショートプログラムで、真央はショートの自己新となる６８．８４を叩《たた》き出した。

フリーのリンクに登場した真央には、もちろん大歓声《だいかんせい》が送られた。しかし、観客の興味《きょうみ》は「真央が勝つかどうか」というよりも、「真央がどのように勝つか」に向かっていた。

自分の立場が変わったことを、真央はひしひしと感じていた。だからこそ「勝たなければ」と強く思った。その思いが、真央を緊張《きんちょう》させていた。

『チャルダッシュ』が流れて30秒後、会場にはどよめきが広がっていた。

プログラム冒頭《ぼうとう》、ステップからのトリプルアクセルの1回転目で、真央が軸《じく》に集めた両《りょう》腕《うで》をほどいてしまったからである。1回転半、明らかな失敗ジャンプだった。

悪い流れは続いた。コンビネーションのトウループも3回転の予定が2回転に終わり、さらに3回転＋3回転になるはずのジャンプも、2回転フリップの単発になってしまう。

「このままじゃいけない」

真央は気持ちを立て直そうとした。でも、そう思えば思うほど、緊張《きんちょう》と焦《あせ》りが押し寄せた。『チャルダッシュ』の曲調が、徐々にアップテンポに変わる。真央は必死についていく。

真央の高速ステップは、観客に序盤《じょばん》の失敗を忘れさせた。ステップに合わせて、会場には手拍子《てびょうし》が起こった。でも、真央の気持ちは曲に乗り遅れていた。真央が最後のポーズを決めたのは、曲が終わって2秒後のことだった。

総合結果は、ショートで2位だった安藤《あんどう》に抜かれ、10ポイント以上も差をつけていたキミー・マイズナーにすら逆転されての3位。しかし問題は、順位よりも演技内容だった。

実は真央は10月の日米対抗でも、トリプルアクセルを2回とも失敗していた。シーズンが始まって以来、まだ1度もトリプルアクセルを成功していない。それに続くふがいない内容。悔《くや》しかった。

失敗の理由の一つは、試合直前の調整方法にあった。それまでの真央は、試合直前に自分が納得《なっとく》するまで滑《すべ》り込んで、自信をつけるタイプだった。

しかしラファエルはそれを知らなかった。だから、このアメリカ大会では、試合が近づいても、軽めの調整を真央に課《か》していた。それが、失敗の理由の一つだった。

けれども、それは真央にとって言いわけにすぎないことだった。「真央の言う通りに動く」とラファエルは宣言《せんげん》していたのだし、意志をはっきり伝えなかった自分が悪い。

それに何より悔《くや》しかったのは、気持ちで負けていたことだった。「勝たなければ」という気持ちが、演技の迷いにつながってしまった。

「どうしたの、あんな投げやりな試合をして」

アメリカ大会が終わった夜、母に言われた。母は、トリプルアクセルの失敗よりも、そのあとの演技を問題にした。投げやり、そう言われても仕方のない演技だと思った。

次で負ければファイナルに進出できなくなる。それだけは嫌《いや》だった。だから母に言った。

「ママ、次は絶対にがんばるから」

11月末、長野《ながの》で行われたNHK杯（グランプリシリーズ日本大会）。真央はショートでパーソナルベストを更新《こうしん》し、首位に立った。しかし、本当の勝負はここからだった。日米対抗でもアメリカ大会でも、失敗したのはフリーである。リンクに入る直前、真央はあえて、日米対抗とアメリカ大会での悔《くや》しさを、自分の心に蘇《よみがえ》らせた。

あんな思いは、もうしたくない。絶対いい演技をして、ママをサンクトペテルブルクに連れて行く。その思いが、緊張《きんちょう》する真央の背中を力強く押していた。

前後にステップを踏《ふ》み替えたとき、真央の迷いは消えていた。迷いなく、高く跳《と》ぶ。着《ちゃく》氷《ひょう》は少し乱れたけれど、とにかく真央は、トリプルアクセルを降りた。

続くコンビネーションのアクセルを2回転半に変更したのは、ほかのジャンプに集中するための攻めの戦略だった。あくまで、強気で。連続して押し寄せるステップの波にスピードを奪《うば》われても、真央は粘《ねば》り強く、丁寧《ていねい》に、最後まで滑《すべ》り切った。

観客がいっせいに立ち上がる。大歓声《だいかんせい》が、真央を包む。涙をこらえながら大きく笑った。リンクでそんな笑顔《えがお》を見せられたのは、前シーズンのファイナル制覇《せいは》以来のことだった。

# 第5章
# アイスキャッスル

2006年12月、NHK杯（長野）、フリー『チャルダッシュ』の演技を終えて。

フリーでもパーソナルベスト更新《こうしん》。しかも総合得点はISU記録を塗《ぬ》り替える199.52。文句なしの優勝、そしてファイナル進出。真央は、母の夢をかなえた。

## スケート靴

真央は、スケート靴《ぐつ》をとても大切にする選手である。

スケート靴《ぐつ》は牛革《ぎゅうかわ》でできている。革《かわ》にとって、湿気《しっけ》は大敵である。だから真央は、練習でも試合でも、リンクを降りたあとには必ず、スケート靴《ぐつ》をから拭《ふ》きして水気を取る。水気をとったら、靴《くつ》の中に型崩《かたくず》れ防止の用材《ようざい》を詰《つ》め、乾燥剤《かんそうざい》とともに専用バッグにしまう。

さらに、家に戻ったらすぐにバッグから取り出し、風通しのよい、玄関《げんかん》の下駄箱《げたばこ》の上に置き、陰干《かげぼ》しする。これらは、真央が幼いころから今までずっとつづけている習慣である。

そのおかげで、真央はスケート靴《ぐつ》を、ふつうの選手よりも長く履《は》くことができる。真央が年間に使うスケート靴《ぐつ》は、わずか2足だけである。

一方、下《お》ろしたての靴《くつ》は、まだ牛革《ぎゅうかわ》が硬いため、なめらかに滑《すべ》ることが難しい。新しいスケート靴《ぐつ》が足になじむまでには、ある程度の時間がかかる。

真央の場合、新しい靴《くつ》が足になじむまでにかかる期間は、約1か月。だから真央は例年、シーズン初戦の約1か月前に、新しい靴《くつ》を下《お》ろしてきた。

だが、2006年の真央には、それができなかった。というのも、初戦の日米対抗の1か月前というのは、ちょうど、ステップからのトリプルアクセルの感覚を、ようやくつかみかけていた時期だったからである。

ここで新しい靴《くつ》に切り替えたら、せっかく手に入れつつあった感覚が逃げてしまう。だから、その時期に靴《くつ》を切り替えることはできなかったのだ。

初戦を終えても、大会と大会の間に靴《くつ》を切り替えるタイミングは見つからなかった。だから真央は、なんとかメンテナンスを丁寧《ていねい》に行うことで、スケート靴《ぐつ》をもたせてきた。しかし、それも12月のグランプリファイナル前に、限界《げんかい》に達しつつあった。

真央のスケート靴《ぐつ》の足首の部分は、すでにグニャグニャになっていた。これでは、ジャンプをするにもスケーティングをするにも、ふんばりがきかなくなってしまう。

わずかなバランスのくるいさえ大きなミスにつながるフィギュアスケートの世界にあって、スケート靴《ぐつ》のコンディションが良くないことは、大きなマイナス要因である。ましてステップからのトリプルアクセルなど、高難度《こうなんど》のエレメンツを行う真央にとっては、あまりにも大きな問題だった。

ファイナルまで、あと10日しかなかった。迷っている時間はない。真央は思い切って、新しい靴《くつ》を下ろした。それは真央にとって、大きな賭《か》けでもあった。しかし、真央は靴《くつ》について、何の言いわけもしなかった。公表もしなかった。

すべては、自分の責任。この新しい靴《くつ》で、やれることを精いっぱいやろう。まだ硬《かた》いままのスケート靴《ぐつ》を鞄《かばん》に詰《つ》めて、真央はサンクトペテルブルクに向かった。

## 悔《くや》し涙

サンクトペテルブルクには、いつもの試合よりも早めに到着した。極寒《ごっかん》と聞いていた気《き》候《こう》に慣《な》れるためである。だが着いてみると、気温は思いのほか高かった。

早く着いた分、時間があった。母の憧《あこが》れていたマリインスキー劇場《げきじょう》は、ファイナルの会場となったサンクトペテルブルク・アイスパレスから、タクシーでわずか15分の距離にある。だから、せめて外観を眺《なが》めることくらいはできたはずだった。

しかし、真央にも母にもその余裕はなかった。真央が体調を崩《くず》してしまったのである。

サンクトペテルブルクは、街もホテルの部屋も埃《ほこり》っぽかった。そのせいか、鼻水が止まらなくなった。喉《のど》にも痛みがあり、息をするのも苦しい。風邪《かぜ》のような症状《しょうじょう》だった。

そんな状態で臨《のぞ》んだショートプログラムでも、真央の『ノクターン』は素晴《すば》らしかった。穏《おだ》やかなピアノの旋律《せんりつ》に導かれるように、真央は優雅《ゆうが》に舞《ま》い続けた。

ジャンプもすべて成功。体調がすぐれないことも、スケート靴《ぐつ》の問題も、まったく感じさせない演技だった。最後のスピンの途中で、もう拍手《はくしゅ》が起き始める。ただ、歓声《かんせい》は上がらなかった。観客は声を出すことも忘れ、真央の演技に酔《よ》いしれていたのだ。

観客が声を取り戻したのは、最後のポーズを決めてから数秒後のことだった。大歓声《だいかんせい》と拍手《はくしゅ》の中で、真央はにっこりとほほえんだ。

得点はNHK杯で出したパーソナルベストに0．16と迫《せま》る69．34。キス&クライでラファエルとほほえみ合いながら、真央は達成感《たっせいかん》を感じていた。もちろん1位通過である。

だが、翌日のフリー、真央は硬《かた》くなっていた。それは、待ち時間の間に体を冷やしてしまったせいだけではなかった。

「勝たなきゃ」

その思いが、またも真央の心と体を締《し》めつけていた。『チャルダッシュ』が流れ始めても、胸《むね》のドキドキが止まらなかった。

ステップを終えてトリプルアクセルに入る直前、「転ぶかも」という弱気なイメージがよぎった。そのことが、踏《ふ》み切りのタイミングを遅らせていた。

明らかな回転不足。真央は氷の上に転がった。すぐに立ち上がったが、心は動揺《どうよう》したまだった。アメリカ大会での失敗が心に蘇《よみがえ》る。足がいうことを聞いてくれない。

連続ジャンプになるはずだった3回転フリップが、着氷《ちゃくひょう》の乱れで単発に終わる。後半の3回転ルッツでも転倒。気持ちを立て直せないまま、真央の4分間は終わった。

その夜、真央は泣いた。

優勝を逃《のが》したことよりも、迷ったままで試合を終えてしまったことが、何よりも悔《くや》しかった。アメリカ大会で、こんな思いは2度としたくないと心に誓《ちか》ったはずだった。でも、またもや「投げやりな試合」になってしまった。

思い切り跳《と》んで転ぶのなら仕方がない。でも、真央が迷い、躊躇《ちゅうちょ》して転んだことを、母は見抜いていた。だから、母はあえて厳《きび》しい口調で言った。

「やれることをやらないのは、スケーターとして一番恥《は》ずかしいことじゃないの。失敗し

ても いいから、思い切って跳《と》びなさい」

母の言葉と気持ちが、心に響いた。だから、アメリカ大会のときよりも、ずっと強く心に誓《ちか》った。もし途中で失敗しても、最後まで絶対にあきらめない。全力で滑《すべ》り切ろうと。

そして真央は、涙をぬぐった。これ以来、どんなに大きな失敗をしても、真央は最後まで精いっぱい滑《すべ》り切るようになる。「あきらめない心」。それこそが、2位に終わった2006年グランプリファイナルの、一番の収穫《しゅうかく》だった。

## 嬉《うれ》し涙

サンクトペテルブルクから真央が向かったのは、レイクアローヘッドではなく、名古屋《なごや》だった。12月の全日本選手権が、名古屋《なごや》で開催《かいさい》されることになっていたからである。

久し振りの故郷の日々。食べ物もおいしいし、パパもおばあちゃんも、エアロもいる。やっぱり、日本はいいなと、真央は思った。

でも、そのことで気を緩《ゆる》めているわけにはいかなかった。スケート靴《ぐつ》の問題は、まだ解決していなかった。グランプリファイナルでの失敗の原因の一つは、新しい靴《くつ》の硬《かた》さにあった。足首が固定されて、思うように滑《すべ》れなかった。同じ失敗は、繰《く》り返したくない。迷った挙句《あげく》、真央はまた、足首がグニャグニャの傷《いた》んだ靴《くつ》を引っ張り出した。4月から使い始めて、もう8か月。靴《くつ》の耐用《たいよう》期間は、とうに過ぎていた。それでも、もう1試合だけ。この全日本選手権だけは、古い靴《くつ》でなんとか乗り切るつもりでいた。

夜の練習を切り上げようと、真央が最後のジャンプを跳《と》んだときのことだった。真央のスケート靴《ぐつ》は、氷をとらえそこねた。転倒し、思わず氷に右手をつく。右手の小指に嫌《いや》な感触《かんしょく》があった。立ち上がると、強烈《きょうれつ》な痛みが襲《おそ》ってきた。

「ママ、痛くて指が曲げられないよ」

「痛い」とか「苦しい」などの言葉を、母は真央からほとんど聞いたことがなかった。だから、ただごとではないことがすぐにわかった。

慌《あわ》てて救急病院へ駆《か》け込む。診察《しんさつ》結果は骨折《こっせつ》。小指には添《そ》え木が当てられ、包帯《ほうたい》でぐるぐる巻きにされた。

全日本選手権は、あと1週間後に迫《せま》っていた。もし包帯《ほうたい》が取れないようなら、ジャンプのときに両手を軸《じく》に向かってうまくたたみ込むことができず、バランスが崩《くず》れる。

深刻な事態だった。母は落ち込んでいた。母は、真央の全日本選手権にかける思いを、誰《だれ》よりも知っていた。次こそはと心に決めて、あれだけがんばってきたのに、どうして。そんな母を慰《なぐさ》め、励《はげ》ましたのは真央本人だった。病院の帰り道で、真央は言った。

「心配しないでママ、全日本選手権までにはきっと治すから」

その言葉に、明確な根拠《こんきょ》があったわけではもちろんない。ただ、母に心配をかけたくないから、そう言っただけだった。そして、真央の言葉は現実になった。

全日本選手権の前日、真央の小指の包帯《ほうたい》はすっかり取られていた。もちろん、添《そ》え木もない。痛みは多少残っていたけれど、曲げることもできる。

奇跡的《きせきてき》な回復だった。その理由は、本人にもわからないという。あえていえば「ママのためにも、全日本には絶対間に合わせる」という意志の力なのかもしれない。

しかも不思議《ふしぎ》なことに、全日本選手権の日が近づいても、真央はほとんど焦《あせ》りや不安を感じなかった。骨折《こっせつ》のせいで、練習が思うように進まなかったにもかかわらずである。骨《こっ》折《せつ》というアクシデントが逆に、真央の力《りき》みを取り去っていたのかもしれない。

大会前の会見では、もちろん骨折《こっせつ》のことは言わず、「優勝を目指します」と力強く宣言《せんげん》した。迷いはなかった。何かが吹っ切れたような気がした。

ショートプログラムを1位で通過。そしてフリーでは、試合で1度も成功していなかったステップからのトリプルアクセルが、初めて決まった。

回転不足もない、完璧《かんぺき》なジャンプ。やった、という喜びが、さらに真央を加速させた。いくら滑《すべ》っても、足はすくまない。高速ステップもうまく踏《ふ》める。スピンでもスパイラルでもスピードは落ちなかった。体力の限界が近づくラスト30秒で、3回転ルッツからの3連続ジャンプが決まったときは、嬉《うれ》しくて思わずガッツポーズをしていた。

達成感《たっせいかん》があった。経験したことがないくらいのものすごい歓声《かんせい》と拍手《はくしゅ》が、真央を包んだ。総立ちの観客に、真央は何度もガッツポーズで応える。その瞳《ひとみ》が、嬉《うれ》し涙に潤《うる》んだ。

このときの感激《かんげき》は今も、真央の心にしっかりと刻《きざ》まれている。真央は言う。

「嬉《うれ》しかったですね、あのときは。それまでで、一番嬉《うれ》しかったように思います。15歳のときのグランプリファイナルは、自分でもよくわからないままで優勝していました。でも、16歳のときの全日本の初優勝は、いろんなことがあったせいか、やっぱり心に残っています」

全日本選手権、初優勝。全日本選手権はISU公認の国際大会ではないため、その結果もＩＳＵ公式記録には残らない。それでも真央の総合得点は、ＮＨＫ杯で自分が作った世界最高得点１９９．５２を12ポイント以上も上回る、２１１．７６に達していた。

## あきらめない

２００７年３月、東京開催《とうきょうかいさい》の世界選手権である。真央の調子は上がっていた。大会前のインタビューでは、自分の目標を明確にするために、「優勝を狙《ねら》います」と宣言《せんげん》した。

全日本選手権で優勝した次の日から３か月間も、ずっと厳しい練習を積《つ》み重ねた。トリプルアクセルの調子も尻《しり》上がりに良くなっていた。ステップをつけても、ほとんど失敗することがない。

このシーズンで苦しんできたフリープログラムの『チャルダッシュ』も、ようやく「自分のもの」と思えるようになった。

だから、不安よりも楽しみのほうが大きかった。ショートのリンクに立ったときには、気づかぬうちにほほえんでいた。プログラムは、このシーズンで１回も大きなミスをしていない『ノクターン』である。自信があった。

会場に、優美《ゆうび》な旋律《せんりつ》が溢《あふ》れ出す。包み込むように胸《むね》に集めた両腕《りょううで》をゆったりと解放する。気品すらただよう、なめらかなスケーティング。会場に静かな感動が広がる。冒頭《ぼうとう》の3回転ルッツが決まると大きな歓声《かんせい》が沸《わ》き上がった。

真央自身、完璧《かんぺき》と思えるジャンプだった。心に喜びが広がる。次の連続ジャンプを失敗したのは、もしかしたら、その喜びの余韻《よいん》のせいかもしれなかった。

3回転フリップのすぐあとに3回転を予定していたループは、一瞬《いっしゅん》踏《ふ》み切りが遅れてパンクし、1回転に終わってしまう。そんな失敗は、このシーズンで初めてだった。

真央はステップを踏《ふ》みながらすぐに気持ちを切り替えた。あきらめないという心の誓《ちか》い。しまったと思ったのは一瞬《いっしゅん》で、そのあとの演技を、全力で滑《すべ》り切った。

しかし、ショートの順位はシニアの大会ではそれまでで最低の5位。ショートの世界最高得点を更新《こうしん》してトップに立ったキム・ヨナとは、約10ポイントの差がついていた。

キス&クライで、真央は笑顔《えがお》を見せ続けた。インタビューでも「逆転します」と力強く語った。でも、その目にはうっすらと涙がにじんでいた。

本当は悔《くや》しさでいっぱいだった。「もう優勝は無理かもしれない」とも感じていた。心が沈《しず》みかけていた。それを救ってくれたのは母だった。

母はわかっていた。今回のショートの演技は、投げやりではなかった。真央は、途中であきらめたわけではない。それでも、言わなければいけないことは、言わなければならない。

母は知っていた。真央は全力で闘《たたか》いたがっている。そのきっかけを欲しがっている。だから、あえて言った。そのときの心情を、母は次のように語った。

「コーチも含めて、誰《だれ》もが彼女を慰《なぐさ》めていました。でも、そうなると真央は本当の気持ちをどこにもぶつけられなくなってしまう。あえて厳《きび》しく言うことで、気持ちを解放させてあげなきゃいけない。それができるのは、母親である私だけでした」

ホテルで二人きりで向き合いながら、母は心を鬼にして、真央に厳《きび》しく言った。

「油断《ゆだん》があったんじゃないの？　こんな形じゃ帰れないよ、真央、悔《くや》しくないの」

「悔《くや》しい」

こらえていた涙が、どっと溢《あふ》れ出した。母の目にも涙がある。母の気持ちが伝わってくる。ママも、一緒に闘《たたか》ってくれているんだ。

ひとしきり泣いて、涙を拭《ふ》いた。悔《くや》しさを真っ直《す》ぐに見つめたことで、真央は迷いを吹っ切った。明日のフリーでは、失敗してもいいから、思い切りやろう。精いっぱい、滑《すべ》ればいい。結果はあとから、必ずついてくる。自分を信じた。

翌日のフリー、リンクに登場した真央を待っていたのは、ものすごい大声援《だいせいえん》だった。シヨートで5位だった自分を、こんなにたくさんの人が応援《おうえん》してくれている。嬉《うれ》しかった。

「この声援《せいえん》に応えよう」

真央の演技が始まった。完璧《かんぺき》なトリプルアクセルが決まると、大歓声《だいかんせい》が上がった。ダブルアクセルからの連続ジャンプでは2つ目のトウループが乱れたけれど、「がんばれ」の大拍手《だいはくしゅ》が背中を押してくれた。

高速ステップには、割れんばかりの手拍子《てびょうし》が送られた。エレメンツを一つ終えるたびに、巻き起こる大声援《だいせいえん》。真央の演技と会場の熱気、お互いがお互いを高め合うようだった。

3回転ルッツを含む3連続ジャンプを決めてガッツポーズ。声援《せいえん》を身にまといながら、スピンを回り続ける。途中から、涙が自然に溢《あふ》れてきた。感激していた。両手を上げる最後のポーズが、自然にガッツポーズになった。満員の観客がいっせいに立ち上がる。

観客と一緒に完成させた『チャルダッシュ』だった。会場全体が、感動に包まれていた。その感動の中心で、真央は何度も跳《と》びはねた。降り注《そそ》ぐ花束の雨に濡《ぬ》れながら、笑顔《えがお》のままで泣いた。最高の気分だった。

キス&クライに座っても、まだ拍手《はくしゅ》は続いていた。それがいつしか、ジャッジの採点を急《せ》かすように、手拍子《てびょうし》に変わった。そして、もう何度目かもわからないほどの、大歓声《だいかんせい》。発表された真央のフリーの得点は、世界最高得点を大幅《おおはば》に更新《こうしん》していた。

フリーで崩《くず》れたキム・ヨナは、3位に終わった。でも、優勝したのは真央ではなかった。ショート3位から逆転した安藤美姫《あんどうみき》。真央は準優勝に終わった。

優勝を逃《のが》したことが悔《くや》しくて、人目を避《さ》けて少しだけ泣いた。でもそれは、ほんの短い時間だった。5位から2位への躍進《やくしん》、そして納得《なっとく》の演技。込み上げてきたのは達成感《たっせいかん》と、感謝の気持ちだった。観客の応援《おうえん》を、これほど強く感じたことは、それまでなかった。

表彰台《ひょうしょうだい》に立って銀メダルを受け取ったときは、もう感謝でいっぱいになっていた。ありがとう、そんな気持ちを込めてもう1度、笑顔《えがお》で客席に手を振った。

## 3年後を見すえて

新しいコリオグラファーの話を母から聞いたのは、世界選手権から数日後のことだった。

「真央、次のシーズンのショートプログラムね、タチアナ先生にコリオ(振付《ふりつけ》)をつけてもらうことになったよ」

「ママ、本当？　すごーい！」

どんな振付《ふりつけ》になるんだろう。真央は心を躍《おど》らせた。

何人もの有名選手を育て上げたチャンピオンメーカー、タチアナ・タラソワ。その芸術的なコリオで、数々のタイトルを総なめにしてきた彼女にも、たった一つだけ手にしていないタイトルがあった。それが、オリンピック女子シングルの金メダルだった。

真央が準優勝したグランプリファイナルのときのことだった。選手たちや関係者が行き交《か》う通路で、母は、タチアナの通訳をしていたスベトラーナから、流暢《りゅうちょう》な日本語でこう言われた。

「タチアナが、真央さんのプログラムを作りたいとおっしゃっています。どうでしょう、お受けになるおつもりはおありですか」

「ぜひ、お願いします」

母は即答《そくとう》した。

5年前の世界選手権でタチアナとエレベーターですれ違ったときから、この日が来るのを予感していた。

それに実は、このタチアナ側からの申し出がある前から、母は来季《らいき》のプログラム作りをタチアナに依頼《いらい》しようと考えていた。そのことは真央も知っていたし、真央自身も「タチアナ先生にお願いしたい」と考えていたのである。

ラファエルコーチも、タチアナの起用《きよう》に賛成だった。ラファエルにとってタチアナは、かつてロシアでコーチをしていた時代の同僚《どうりょう》だった。その実力を知り抜いていたラファエルが反対する理由はどこにもなかった。

タチアナに振付《ふりつけ》をしてもらうこと。それはオリンピックを見すえた戦略だった。オリンピックでも、タチアナの振付《ふりつけ》で勝負する。開催《かいさい》まで3年を切った、バンクーバー・オリンピック。その準備は、静かに、しかし着実に進められていた。

2007年4月、真央はカナダへと旅立った。

目的は、舞とともに出演するアイスショー。でも、もう一つ目的があった。幼《おさな》いころから「初めての場所」が苦手だった真央にとって、もう一つの目的を果たすことは、とても大切なことだった。

アイスショーを終えたあと、真央は目的の場所に立っていた。パシフィック・コロシアムムのリンク。バンクーバー・オリンピックのフィギュアスケート会場である。

リンクは少し小さめ。観客席が近い。舞と二人きりで滑《すべ》りながら、会場の風景を、目に焼きつける。もう、「初めての場所」ではなくなっていた。

「必ずここに戻って来よう」

3年後の自分を想像してみる。誰《だれ》もいない客席から、歓声《かんせい》が聞こえた気がした。

# 第6章 世界女王

# 初対面

2007年夏、真央はモスクワへと渡った。

ショートプログラムを、タチアナと一緒に作るためである。

ロシアの国立スポーツ施設《しせつ》、ノボゴルスク・トレーニングセンター。その長い廊下《ろうか》を進む。その奥に、タチアナの泊まっている部屋がある。

タチアナとは小学校5年生のときに会っているが、真央にはその記憶《きおく》がない。だから真央にとっては事実上の初対面である。ドキドキしながら、ドアをノックした。

「ザハジーチェ（どうぞ）」

と声がする。ドアを開ける。待っていたのはタチアナの笑顔《えがお》と、力強い抱擁《ほうよう》だった。

「よく来たわねえ真央、会いたかったわ」

言葉はわからなくても、抱きしめられたその温《ぬく》もりだけで、タチアナの気持ちが十分に伝わってきた。そこからプログラムの曲選びに取りかかるまで、ほとんど時間はかからなかった。通訳を介《かい》して、タチアナは言った。

「さあ座って、あなたに聞いてほしい曲がいくつもあるのよ」

第6章
# 世界女王

aflo

タチアナ・タラソワ　（2009年10月ロシア大会のときのもの）

タチアナにうながされるまま、奥の席に座る。

「最初はこれ。今までのあなたに合うような曲よ」

　そう言ってから、タチアナは壁際のステレオに手を伸ばし、再生ボタンを押し、静かに目を伏《ふ》せた。真央も曲に耳を傾《かたむ》ける。確かに、それまでの自分に合うような曲だった。

　けれども、真央が求めていたのは、それまでの自分を変えてくれるような、新しい曲だった。もっと情熱的で、大人っぽい曲を求めていた。だから、妥《だ》協《きょう》はしなかった。

　曲が終わって「どう？」とタチアナ

に尋《たず》ねられたとき、真央ははっきりと言った。

「いい曲だと思います。でも、ほかの曲も聞かせてください」

次に聞いたのは、のちにバンクーバー・オリンピックで使うことになる『仮面舞踏会《かめんぶとうかい》』だった。すごい曲。でも、自分には早すぎると感じた。

そこから、5、6曲目だった。ヴァイオリンがきらめくように響いたときから、真央はその曲に引き込まれていた。悲しみを帯《お》びた、叙情的《じょじょうてき》なメロディー。その曲で踊《おど》っている自分を想像する。曲を聞いている間中、ずっと鳥肌《とりはだ》が立っていた。

「先生、これにしたいです」

曲選びは、そこで終わった。

2007－08シーズンのショートプログラム、『ヴァイオリンと管弦楽《かんげんがく》のためのファンタジア』。タチアナは大きくうなずいた。

「いい曲を選んでくれたわ。私も大好きな曲なのよ」

## ノボゴルスク

曲が決まれば、コリオ（振付《ふりつけ》）作りが始まる。

タチアナはまだ真央の本当の実力を知らなかった。何ができて、何ができないのかを知りたい。タチアナの要望に応えるべく、さっそくノボゴルスク・トレーニングセンターのリンクに移動する。

タチアナが見守る中で、真央は一つひとつ、自分の技術を披露《ひろう》した。ジャンプ、スピン、スパイラル、ツイズル（片脚《かたあし》で滑《すべ》りながら、1回転以上素早く回転するターン）。その一つひとつに、タチアナは唸《うな》り、ときに叫《さけ》び声を上げた。すべての技を見せ終えたとき、タチアナは「マーベラス！（素晴《すば》らしい！）」と感嘆《かんたん》の声を上げてから、真央を再び抱きしめた。

「想像以上だわ、真央。できないことが何もないじゃないの」

タチアナのコリオ作りは独特《どくとく》だった。そこまでやらなくてもポイントが取れるというシーンでも、「もっと！　もっと！」を繰《く》り返し、高い芸術性を求め続けた。

複雑に、繊細《せんさい》に組み合わされたコリオだった。それを実現するために、タチアナはバレエのコーチも用意していた。ロシアン・メソッドに従う、高度なレッスンだった。

プログラムを自分のものにするために、なおもノボゴルスクのリンクで滑《すべ》り込む。振付《ふりつけ》全体がひと通り固まってくると、タチアナの指導《しどう》は、演技をさらに深めるもの、すなわち感情表現へと向かった。

たとえば、上半身で反動をつけながら両手を胸《むね》の前で結び、それを天に向かって開く冒《ぼう》頭《とう》の演技。1秒ほどの短い演技を、真央は何十回も、真剣《しんけん》に繰《く》り返した。

1回演技するたびに、曲が止められ、タチアナの檄《げき》が飛ぶ。

「それはあなたの100パーセントじゃないわ、もっと気持ちを前に出して！」

もう1度、やってみる。すると確かに、それまでよりも大きな感情が沸《わ》き上がるのを感じた。初めて曲を聞いたときに感じた儚《はかな》さのようなものが、両腕《りょううで》から溢《あふ》れる。

「そうか、真剣《しんけん》にやっているつもりでも、まだまだ100パーセントじゃなかったんだな。もっともっと、上があったんだ」

真央は充実感を覚えていた。大人っぽくて、情熱的な演技。新しい表現に、近づけている気がした。

ノボゴルスクでのトレーニングは、このほかにもジムでのトレーニングやジャンプレッスンなど、さまざまなメニューが目白押しだった。

タチアナが招いたジャッジの前で、演技をしたこともあった。ジャッジの目に自分の技術はどう映るのか。

時折、ジャッジがタチアナに耳打ちをする。難《むずか》しすぎる。もっと簡単にしたほうがいいと。

しかし、タチアナはその指摘《してき》をほとんどすべてはねのけた。自分の振付《ふりつけ》に誇《ほこ》りを持っていたし、それに何より、この数日間で、真央のことをすっかり信頼《しんらい》していた。

だから、タチアナはジャッジに反論するとき、必ずこうつけ加えた。

「真央なら必ず、できる」

真央はその言葉を何度も聞き、そして別れ際にも聞いた。その言葉を、自信につなげた。

「自分なら、できる」。

そう自分に言い聞かせて、真央はロシアをあとにした。

## ラヴェンダー

前シーズンまでの真央の衣装は、基本的にすべて、母がデザインしたものだった。母は、社交ダンスの雑誌などを参考にしながら、アイデアを練《ね》った。曲のイメージに合い、それでいて機能的な衣装を考え抜く。

アイデアがまとまると、それをデッサンに起こして、ドレスメーカーに発注する。でき上がってきた衣装は、真央が袖《そで》を通して調整する。

フィギュアスケートの専門家でなかった分、母には先入観《せんにゅうかん》もなかった。フィギュアスケートの衣装にラインストーンをつけるのも、母のデザインした真央の衣装がはじまりだった。その衣装を身にまとうだけで、真央はなんだか、母から力をもらえる気がしていた。

しかし、ショートプログラム『ヴァイオリンと管弦楽《かんげんがく》のためのファンタジア』の衣装は、タチアナのこだわりで、ロシアで作られたものだった。

『ヴァイオリンと管弦楽《かんげんがく》のためのファンタジア』は、映画『ラヴェンダーの咲く庭で』のテーマ曲である。タチアナが用意した衣装は全部で5着。その中から真央は、お気に入りの1着を選んだ。それは、ラヴェンダーの花と同じ、淡《あわ》い紫色の衣装だった。

このシーズンの真央の初戦は、10月上旬《じょうじゅん》に新横浜《しんよこはま》で行われた、日米対抗フィギュアだった。日米対抗フィギュアは、ＩＳＵ公認の大会である。

ただし、ファイナルをかけたグランプリシリーズや翌年の出場枠《わく》のかかった世界選手権と違って、その結果がほかの大会に直接影響《えいきょう》をおよぼすことはない。

だから、その雰囲気《ふんいき》は、ほかの国際大会に比べると、ややなごやかである。観客にとっては選手の新しいプログラムを見るチャンス。日本とアメリカのチーム戦とはいえ、新横《しんよこ》浜《はま》の会場に集まったファンは、アメリカの選手にも、大きな拍手《はくしゅ》を送っていた。

選手も全体的にリラックスして臨《のぞ》んでいた。でも、真央は本気だった。この大会に限らず、真央はいつだって、試合には全力で臨《のぞ》む。

披露《ひろう》するのはショートプログラムの『ヴァイオリンと管弦楽《かんげんがく》のためのファンタジア』。その演技は、今までの真央のイメージを、がらりと変えるものだった。

全身を大きく波打たせながら舞《ま》う、ダイナミックな表現。少しせつなく、大人っぽい表情。ステップでは女子選手として世界で初めての、レベル4の認定を受けた。

ただ、本気で臨《のぞ》んだ分、納得《なっとく》はできなかった。練習では、もっとうまくできていた。もっと高速でスピンを回れていた。

それに何より気がかりだったのは、冒頭《ぼうとう》の3回転+3回転のジャンプを失敗してしまったことだった。2つ目に3回転ループをつけるはずだったのに、3回転フリップの単発に終わっていた。

「なぜ2つ目を跳《と》ばなかったんだろう」
失敗しそうだったから、といえばその通りなのだが、なぜそう感じてしまったのかが、真央にはわからなかった。

## ルッツ

11月初旬《しょじゅん》のカナダ大会。その直前、真央は迷っていた。フリープログラムにトリプルアクセルを組み込むかどうかについてである。

トリプルアクセルは、日米対抗以降、集中的に練習して仕上げていく予定だった。けれども予定はくるった。カナダ大会の10日ほど前にレイクアローヘッドで山火事が起き、その影響《えいきょう》で、思うように練習ができなかったのである。迷いを抱《かか》えたまま、真央はカナダ大会を迎える。

もちろん、このカナダ大会で、ファイナル進出を決めるつもりだった。それに、ショートプログラムには自信を持っていた。力を出し切れば、必ずいい結果がついてくるはず。そのショートプログラムで、真央は出遅れる。失敗したのは、またも最初の3回転+3

回転。日米対抗のときのようにまったく跳《と》べなかったわけではなかったが、1つ目のフリップを降りたあとで軸《じく》が大きくぶれ、2つ目のループの着氷《ちゃくひょう》で両手をついてしまった。

「まだ、なんで……」

動揺《どうよう》は最小限に抑え込んだが、わずかに残った心の揺《ゆ》れは、ステップをぐらつかせた。ショート3位からのスタート。それでも真央は冷静だった。シーズン全体の流れから、今の自分を見つめることができるようになっていた。

トップとの差はわずかに1ポイントあまり。前シーズンの世界選手権のときの10ポイント差に比べれば、なんということもない。着実な演技をすれば、必ず巻き返せる。

フリーはこのシーズン初披露《はつひろう》となる、『幻想即興曲《げんそうそっきょうきょく》』。前シーズンの『ノクターン』と同じショパンの曲で、ローリー・ニコルのコリオによるプログラムである。

リンクの中央、最初のポーズを決めたとたんに音楽が始まったが、真央は出遅れない。波のように連《つら》なるピアノの旋律《せんりつ》に乗る。最初はステップからのアクセルに挑《いど》む。

2回転半、それが真央の選択だった。調子を落としているトリプルアクセルよりも、それを回避《かいひ》することでほかのエレメンツに全力を注《そそ》いだ。こだわりを捨てたわけではなく、今できることを精いっぱいやるという決断だった。

そして真央は、見事に逆転優勝を遂《と》げた。

もちろんトリプルアクセルをあきらめたわけではない。２週間後のフランス大会では必ず決めよう。ショートの最初の３回転＋３回転だって、今度こそ決めてみせる。

ただ、このカナダ大会で、真央はそれらのミスよりももっと重大な失敗をしていた。ショートでもフリーでも、３回転ルッツジャンプの踏《ふ》み切りが不正と判定されていたのである。

## ルール改定《かいてい》の余波《よは》

スケート靴《ぐつ》のブレードの底は半円の溝《みぞ》になっており、その溝《みぞ》の両端《りょうたん》は包丁《ほうちょう》のように鋭《するど》い。その鋭《するど》い部分をエッジという。体の外側のエッジをアウトサイドエッジといい、体の内側のエッジをインサイドエッジという。

アクセルに次いで難《むずか》しいとされるルッツジャンプ。それは、左のトウ（つま先）で踏《ふ》み切る瞬間《しゅんかん》まで、エッジのアウトサイド（体の外側）に乗って滑《すべ》っていくジャンプである。

真央もそうやって跳《と》んでいたつもりだったし、前シーズンまでは、それで不正判定を受けることもなかった。ところが、このカナダ大会では、インサイドエッジ（体の内側）に乗っているという判定で、不正踏《ふ》み切りの判定を受けていた。

なぜ、そう判定されたのか。それは、2007年5月に発表された、採点ルールの変更によるものだった。「踏《ふ》み切りエッジを厳《きび》しく取る」というルールに変わったのである。

このルール変更について、真央はもちろん納得《なっとく》していた。フィギュアスケートはスポーツであり、ルールの中で演技をするのは、真央にとって当然のことだった。

だから、変更の内容について理解していたつもりだったし、そのための練習もしてきた。

ただ、どこまでが不正エッジでどこからが不正でないのかが、感覚的に理解しづらかった。

初戦で不正エッジを取られなかった日米対抗と同じ跳《と》び方だったのに、なぜ不正の判定になるのか。真央は迷った。

それを克服《こくふく》するために、真央は大会直後、自分の演技を専門家に見てもらった。カナダ大会でテクニカルスペシャリストを務めた、岡崎真《おかざきまこと》コーチである。これ以後、真央は岡崎《おかざき》コーチに、新プログラムができたときや大きな大会の前など、毎シーズンの節目《ふしめ》ごとに、演技のチェックをしてもらうことになる。

岡崎《おかざき》コーチに見てもらい、ルッツについてわかったことは、踏《ふ》み切る直前の0コンマ何秒というような短い間、真央のエッジがインサイドに切り替わってしまうことだった。だったら、そこを直せばいい。真央は楽観的《らっかんてき》に考えていた。

けれどもそれは、真央が思うよりも、ずっと難《むずか》しいことだった。


その修正の難《むずか》しさについて、佐藤信夫《さとうのぶお》コーチは次のように語る。

「幼《おさな》いころならともかく、真央のように長年、しかも熱心に練習を重ねてきた選手にとって、ルッツのエッジを直すというのは、非常に難《むずか》しいことです。たとえて言うなら、右利きの人が左利きに直すようなものです。簡単ではないんですよ」

では、それを修正するのにどれくらいの時間がかかるのか。佐藤《さとう》コーチは「あくまで一般論ですが」と前置きをして、さらに続けた。

「ふつうの選手であれば、エッジの踏《ふ》み切りを修正するには、それまで跳《と》んできたのと同じ時間が必要になります。5年なら5年、10年なら10年、時間がかかるということです」


11月中旬《ちゅうじゅん》のフランス大会。真央はショートでトップに立っていた。しかし、演技を終えた真央は泣いていた。順位なんて、関係なかった。最初の3回転+3回転の失敗。これで、

3大会連続である。今度こそと思っていたのに。悔《くや》しかった。

翌日のフリーでは、気持ちを切り替えて臨《のぞ》んだ。尻《しり》もちをついたけれど、ともかくトリプルアクセルに挑戦《ちょうせん》した。ショートで失敗した3回転＋3回転も、きっちりと決め、トップを守り続けて1位を獲得《かくとく》し、フランス大会優勝を果たした。

けれども、真央は納得《なっとく》することができなかった。課題だった、そしてどうしても成功させたかった3回転ルッツは、ショートでもフリーでも、不正エッジの判定だった。

## 一本の電話

2007年12月。グランプリファイナルの開催地《かいさいち》は、イタリアのトリノだった。会場はパラベーラ。トリノ・オリンピックで使われた場所である。

かつてここで荒川静香《あらかわしずか》が金メダルを獲《と》るのを、テレビで観ていた。それと同じリンクで、真央は今、ショートプログラムに挑《いど》もうとしていた。

一生懸命《いっしょうけんめい》練習したおかげで、ルッツの修正は思ったよりもうまくいっていた。全体の調子は悪くはなかった。だから、あとは、気持ちの問題。思い切っていこう。

音楽の流れに乗って、加速する。最初は、今シーズン、ショートではまだ1度も成功していない、3回転+3回転。「今度こそ、決める」と強い気持ちで踏《ふ》み切った。しかし、1つ目の3回転フリップを着氷《ちゃくひょう》したとき、すでに真央の回転軸《じく》はぶれてしまっていた。2つ目の3回転ループで手をつく。まるでカナダ大会の再現だった。

あきらめない。真央は気持ちを立て直し、次の3回転ルッツに向かっていった。大きく円を描《えが》きながら加速し、ステップを踏《ふ》んでから、アウトサイドエッジに乗ろうとした。その瞬間《しゅんかん》、ブレードが氷に引っかかった。バランスが崩《くず》れる。跳《と》べなかった。修正を重ねたルッツに挑戦《ちょうせん》することすらできないまま、真央のショートプログラムは終わった。

落ち込んだ。最悪の最下位スタート。得点差よりも、2つもミスをしてしまったことのショックのほうが、ずっとずっと大きかった。あんなに練習したのに、なんで。

なかなか立ち直れなかった。夜が来て、フリー当日の朝が来ても、気持ちを立て直せなかった。ホテルの部屋で荷物を整えているときでさえ、真央はこんなふうに思っていた。

「ばん回するのは、もう無理かもしれない」

電話が鳴ったのは、そのときだった。母が受話器を取り上げる。父からの電話だった。母の声が、なぜか、いつもよりもはずんでいる。

「ええ？　うん、そう、あ、ちょっと待って」

「真央」と母に呼ばれた。出発準備の手を止める。

「どうしたの、ママ」

「エアロ！」

「何？」

「今、出産してるって」

「ええ！　ホント？」

真央は受話器に跳《と》びついた。父から、エアロの出産の様子を聞いた。

出会ったときはあんなに小さかったエアロ。今だって小さいのに、そのエアロがお母さんになる。

受話器を置いた真央は、もうそれまでの真央とは違っていた。その表情が、パッと明るく輝《かがや》いている。母は言った。

「エアロががんばってるんだもん、真央もがんばらないとね」

「うん、落ち込んでなんかいられないよね」

その日の『幻想即興曲』は、ショートのときとは比べものにならないほど素晴らしいものになった。滞空時間《たいくう》の長いトリプルアクセルに、歓声《かんせい》が上がった。完璧《かんぺき》な3回転＋3回転を見た現地の解説者は、感嘆《かんたん》のため息とともに「エクセレント（素晴《すば》らしい）」とつぶやいた。

フリーの得点は、全出場選手の中で最高を記録していた。順位は総合2位だったけれど、手応えがあった。

そんな真央の出鼻《でばな》をくじくかのように「事件」は起こった。

グランプリシリーズから飛行機で帰国する間に、真央のスケート靴《ぐつ》が紛失してしまったのである。全日本選手権まであと10日もない。

新しいスケート靴《ぐつ》を下ろしても、慣《な》れるには時間がかかる。10日足らずの間ではとても間に合わない。仕方なく、その夏に練習で使っていた傷《いた》みの激しいスケート靴《ぐつ》を引っ張り出した。それは真央にとって、深刻なアクシデントにもなりえた事態だった。

しかし、真央はくじけなかった。全日本選手権のあとには、エアロとその子どもたちに、会いに行くことが決まっていた。

靴《くつ》のアクシデントなどものともせず、真央は全日本選手権で見事2連覇《れんぱ》を果たした。シヨートでシーズン初の3回転＋3回転を決められたのも、2度目の200点超《ご》えを果たせたのも、もしかしたらエアロのおかげかもしれなかった。

エアロと再会したのは、その数日後のことだった。

「エアロ、よくがんばったね」

と頭をなでる。母となったエアロの表情は、少しだけ、大人びて見えた。

生まれたばかりの子犬たちのうち、オスの子犬はブリーダーのもとに戻された。その子犬に、真央は「アクセル」という名前をつけた。

2匹のメスは、浅田家に残されることになった。ティアラ、コマチと名づけられた、新しい家族を、真央は胸《むね》に抱いた。新しい家族が、出会ったころのエアロとそっくりな目で、自分を見つめていた。

## アクシデント

優勝した全日本選手権のフリーでも、真央の3回転ルッツは「逆エッジで踏み切った」というエラー判定を受けていた。しかし、練習の成功率は徐々に上がりつつあった。あとはこれを試合で成功させるだけ。調子は上向きだった。このいい流れを四大陸選手権と世界選手権につなげよう。

全日本選手権を終えたあと、レイクアローヘッドには戻らなかった。1月には日本でアイスショーに出ることが決まっていたし、2月初旬《しょじゅん》の四大陸選手権は韓国《かんこく》で行われることになっていたからである。

韓国《かんこく》に行くなら、日本から行ったほうが時差《じさ》も少なくてすむ。半年前には中京《ちゅうきょう》大のリンクも完成していたから、練習場所にも困らない。

それは合理的な判断だったし、ラファエルも賛成してくれていた。

「四大陸選手権の10日前くらいには来日するよ。しっかり練習しておいてくれ」

そう約束して、ラファエルはレイクアローヘッドに戻った。だから、真央はなんの不安もなく、日本での練習に打ち込んでいた。

ところが、約束の10日前になっても、ラファエルは日本に来なかった。連絡もつかなかった。真央のマネージャーであるＩＭＧの和田麻里子《わだまりこ》は、ほうぼうに電話をして、ラファエルの行方《ゆくえ》を追った。ようやく連絡がついたのは、大会出発の5日前のことだった。

ほっとしたのもつかの間だった。ラファエルからのショッキングな言葉で、和田《わだ》マネージャーは思わず携帯《けいたい》電話を落としそうになった。ラファエルは言った。

「真央にはすまないが、日本には行けない」

「え、ちょっと、それはどういうことですか？」

「僕《ぼく》は、真央の練習を見ていない。だから、試合に責任が持てないんだ」

それはおかしい、それは約束が違う。約束通り日本に来てほしいと和田《わだ》マネージャーは食い下がった。しかし、結局、ラファエルは来日しなかった。

問題は深刻だった。今すぐ差し迫《せま》った問題としては、四大陸選手権のリンクサイドで、誰《だれ》が真央のサポートにつくか、ということである。

白羽《しらは》の矢《や》が立ったのは、日本スケート連盟《れんめい》の小林《こばやし》れい子だった。小林は、かつて選手時代に全日本選手権で優勝し、世界選手権にも3度の出場経験を持つなど輝《かがや》かしい実績を持つ。その後も国際大会のジャッジを務めるなど、経験も豊富だった。

それに何より小林は、真央が中学校2年生で優勝した世界ジュニア選手権以来、真央のほとんどの試合にスケート連盟《れんめい》の職員として帯同《たいどう》もしていた。真央の苦境《くきょう》に際して、小林に迷いはなかった。「私でよかったら」と快《こころよ》く引き受けた。そんな小林を、真央は頼《たの》もしく感じた。コーチがいないからだめだったとは思われたくなかった。それを言いわけにもしたくなかった。真央はいつも通りの全力で、四大陸選手権に臨《のぞ》んだ。

そして、真央はやった。

小林が見守る前で、ショートではシーズンの自己ベストを更新《こうしん》。ルッツでステッピングアウトした以外は完璧《かんぺき》だった。

フリーではルッツがインサイドになったものの、ほぼパーフェクトな演技だった。総合得点で2位に大差をつけての優勝。その圧巻《あっかん》の演技は、韓国《かんこく》のファンをも魅了《みりょう》していた。

四大陸の優勝が決まったあと、ラファエルからＩＭＧのオフィスに一本の電話が入った。

「真央に、よくがんばったと伝えてほしい」。

それが、最後だった。ラファエルは2度と、真央のもとには戻ってこなかった。でも、真央はそのことを考えないようにした。次はいよいよ世界選手権である。自宅の部屋の壁に「世界選手権まで〇日」と張り紙をして、自分の気持ちを盛り上げた。

前回の世界選手権では、ショートの演技で失敗して悔《くや》しい思いをしている。その借りを返したい。真央はやる気だった。

だが、そんな真央を、またもアクシデントが襲《おそ》う。それは、コーチがいないことに勝《まさ》るとも劣《おと》らない、深刻なアクシデントだった。

## アクシデントで強くなる

中京大《ちゅうきょう》のアイスアリーナは、選手専用のリンクである。2007年5月のオープン以来、日本中のフィギュアスケート選手の、ナショナルトレーニングセンターとしても利用されている。

その日も真央は、アイスアリーナで懸命《けんめい》に練習を重ねていた。ウォームアップを終えてから、ジャンプ練習に移る。ひと通りジャンプを跳《と》ぶ。

3回転フリップと3回転トウループの連続ジャンプが、少しだけしっくりきていなかった。だから、わずかな休憩《きゅうけい》をおいたあと、小林に言った。

「もう1回トウループ行ってきます」

再び、リンクを広く使って前向きに加速する。振り返って、フリップジャンプの体勢に入ったとき、ジャンプの軌道《きどう》にほかの選手の人影《ひとかげ》が見えた。

わずかに、スピードが緩《ゆる》む。そのままフリップを跳《と》んだ。フリップはうまくいった。しかし、直後のトウループでは、高さが足りなかった。

スクラッチ（回転しやすいように両脚《りょうあし》を細く重ねた状態）した脚《あし》がほどけないまま、真央は氷に落下した。「グキッ」と嫌《いや》な音がして、直後に左足首を激痛《げきつう》が襲《おそ》った。まずい、と思った。

右脚《みぎあし》だけで滑《すべ》って、小林のもとへと向かう。

「真央ちゃん、大丈夫？」

「わからない、ちょっと靴《くつ》、脱《ぬ》いでみます」

不安を抱《かか》えたままスケート靴《ぐつ》を脱《ぬ》いで、足の裏をそっと地面につけてみる。体重を少しかけただけで、激痛《げきつう》が背中まで駆《か》け上がった。

「ちょっとまずいかも」

ちょっとではなかった。診断《しんだん》結果は、左足首の靭帯損傷《じんたいそんしょう》。足首を包帯《ほうたい》でがっちりと固めてから、医者は言った。

「最低でも1週間は絶対安静《あんせい》にしてください。そのあとも、なるべく足首には負担《ふたん》をかけないように」

世界選手権まで、もう1か月を切っていた。仮にそれまでに怪我《けが》が良くなっても、氷の感覚はそう簡単には取り戻せない。

さすがの真央も、「終わった」と思った。落ち込んだ。今年こそと思っていたのに、こんなことでだめになってしまうなんて。

ただ、真央よりももっと落ち込んでいる人がいた。母である。母は泣いていた。「あんなにがんばってきたのにね」と、真央のために悔《くや》しがっていた。だから言った。

「ママ、この怪我《けが》、1週間で治すから。安心して」

そんな根拠《こんきょ》はどこにもない。でも、母の顔を見ていたら、どうしてもそう言いたくなった。だめならだめでしょうがない、でも、できるだけのことはしよう。

「絶対安静《あんせい》」と言われたけれど、1週間はジムで、足首に負担《ふたん》がかからないトレーニングをした。1週間で腫《は》れは引いてくれた。だから、リンクに戻った。

左足首をテーピングでグルグル巻きにして、スケート靴《ぐつ》を履《は》いた。「左足首にはなるべく体重をかけないように」と言われるまでもなく、痛くて左脚《ひだりあし》は使えなかった。

だから、右脚《みぎあし》で踏《ふ》み切って右脚《みぎあし》で降りるループジャンプから練習を始めた。もちろんはじめは1回転。そこから少しずつ、回転を増やしていった。

ようやくテーピングが取れたのは、世界選手権に出発する、わずか数日前のことだった。幸《さいわ》い、痛みは取れた。しかし、練習量は圧倒的《あっとうてき》に不足している。

それでも、真央は前向きだった。前シーズンの全日本選手権だって、右手の小指を骨折《こっせつ》したのに、いい演技ができたし、優勝もした。だから自分に言い聞かせた。

「アクシデントがあったときのほうが、試合では調子がいい」

傷《いた》んだスケート靴《ぐつ》は、世界選手権の直前に、少しだけ状態が良くなった。それは、佐藤《さとう》信夫《のぶお》コーチと小塚嗣彦《こづかつぐひこ》コーチのおかげだった。

佐藤《さとう》コーチと小塚《こづか》コーチは、同じく世界選手権に出場する小塚崇彦《こづかたかひこ》と中野友加里《なかのゆかり》の指導《しどう》で忙しかった。にもかかわらず、二人で手分けをしながら夜遅くまでかかって、真央のスケート靴《ぐつ》を修繕《しゅうぜん》してくれたのである。

上から新たに皮を張って補強《ほきょう》したスケート靴《ぐつ》の履《は》き心地は、修繕前《しゅうぜんまえ》とは雲泥《うんでい》の差だった。グニャリと曲がってしまうこともなく、かといって硬《かた》すぎないからふんばりもきく。

「ありがとうございます、すごく滑《すべ》りやすいです」

「よかった。じゃあ、本番もがんばってね」

小塚《こづか》コーチは笑って言った。佐藤《さとう》コーチも黙《だま》ってほほえんでいる。二人のコーチの熱意が込められたスケート靴《ぐつ》を携《たずさ》えて、真央は世界選手権の開催地《かいさいち》、スウェーデンのイエティボリへと向かった。

## 世界女王

２００８年３月中旬《ちゅうじゅん》、世界選手権。公式練習のときの真央は、いつもと様子が違っていた。それまでなら、少しほかの選手が視界に入っただけで、ジャンプを跳《と》ぶのを遠慮《えんりょ》したりしていた。けれども、このときは、誰《だれ》にはばかることなく、どんどんジャンプを跳《と》んでいた。

実は真央は小林から、こんなアドバイスを受けていた。

「公式練習だって、ジャッジもテクニカルスペシャリストも真央のことを見てるんだよ。もっと積極的にいかなきゃ。思い切り滑《すべ》って、アピールしなさい」

テクニカルスペシャリストは、公式練習の視察《しさつ》を義務《ぎむ》づけられている。試合でミスなくエレメンツを見極《みきわ》めるためだ。ジャッジにはその義務《ぎむ》はない。しかし、ジャッジたちも、そのほとんどは選手のプログラムの全体を把握《はあく》するために公式練習に顔を出す。公式練習での印象が、試合の採点に影響《えいきょう》することもあるのだと小林は言った。それは、自《みずか》らもジャッジを務めてきた小林ならではのアドバイスだった。

そういうこともあるんだな。だったら、れい子さん（小林）に言われた通り、思いっ切りアピールしよう。真央は、ジャッジの近くまで行って、ジャンプを跳《と》ぶようにした。

ショートプログラム。真央の演技を見た観客は、真央の足首の怪我《けが》のことなど、まったく気づきはしなかった。それほどまでに、真央の『ヴァイオリンと管弦楽《かんげんがく》のためのファンタジア』は、観客を魅了《みりょう》しつくしていた。

3回転ルッツの踏《ふ》み切りにはエラーマークがついた。けれど真央はすでに、このシーズンでのルッツの矯正《きょうせい》をあきらめていた。矯正《きょうせい》は、次のシーズンでやればいい。

その開き直りが、真央の演技を輝《かがや》かせた。ショートの演技は、ルッツ以外はほとんど完《かん》璧《ぺき》だった。3回転+3回転にも成功し、得点はシーズンの自己ベストを更新《こうしん》していた。

キス&クライを降りると、そこにタチアナがいた。「上手に滑《すべ》ってくれてありがとう」と抱きしめられた。タチアナから見ても、それは素晴《すば》らしい演技だったのだ。

ショートの順位は2位。でも、逆に2位でよかったと、真央はプラスに考えた。1位になって気が緩《ゆる》むよりましだ。それに、前回は5位、10ポイント差からのスタートだったのに、今回は、トップのコストナーとわずかに0．18ポイント差。大丈夫、優勝は十分に狙《ねら》える。

さらに真央は考えた。自分を追い込まなきゃ。前回のように、ショートは5位だって思うことにしよう。そうすれば、100パーセントの力が出せるに違いない。

翌日のフリー。滑走《かっそう》を待つリンクサイドで、真央は小刻《こきざ》みに体を揺《ゆ》らしていた。それは体温を保つため。心は静かだった。

小刻《こきざ》みに静かに、そのときを待った。前の滑走者《かっそうしゃ》の演技が終わる。小林も真央も、もう多くを語る必要はなかった。お互いに、伝えるべきことは伝えてきた。だから、リンクに向かう直前の会話は、ごく簡単に、お互いの信頼《しんらい》を確かめ合うだけでよかった。

「うん。じゃあ、行く？」

と真央が言う。

「行ってらっしゃい」

と小林が答える。それだけで、十分だった。

マオ・アサダのコールに、歓声《かんせい》が上がる。真央は両手を開いてから、いつものように大きくリンクを1周し、エッジを切って中央に立つ。

視線を斜《なな》め下に落とし、両腕《りょううで》をわずかに広げて後方に伸ばす。『幻想即興曲《げんそうそっきょうきょく》』、最初の響きが軽やかな旋律《せんりつ》に移り変わる。と同時に、真央は体をひるがえし、舞《ま》い始めた。

上半身を大きく使った、ダイナミックでスピーディーなスケーティング。はじめはトリプルアクセル。「跳《と》びたい」と、強く思った。スピードを保ったまま、後ろ向きで弧《こ》を描《えが》き、振り向いて右脚《みぎあし》を振り上げようとした。

その瞬間《しゅんかん》、視界が大きく変わった。

リンクサイドのフェンス越《ご》しに見ていた小林には、その瞬間《しゅんかん》、真央が消えたように見えた。思わず口を押さえる小林、会場には悲鳴《ひめい》がこだました。

真央自身にも一瞬《いっしゅん》何が起きたかわからなかった。真央の体は、右脚《みぎあし》を振り上げた反動のまま反転して、お腹から氷に落ちていた。気がつくと目の前に氷。とっさに顔を上げると、リンクのフェンスが猛烈《もうれつ》な勢いでこちらに迫《せま》ってきていた。

「ぶつかる！」

とっさに体の向きを変えた。「もうだめだ」とあきらめかけたのは、フェンスの少し手前で体が止まるまでの、１秒に満たないわずかな間だけだった。

「次に行かなきゃ」。小林がその位置に駆《か》け寄ったときには、もう立ち上がって滑《すべ》り出していた。

運も真央に味方した。大きな怪《け》我《が》はしていない。痛みも感じなかった。リンク中央に戻ってから小さく時計回りに滑《すべ》っていくと、すぐにプログラム本来の位置と曲の流れに戻ることができた。

そのころにはもう、次のジャンプのことしか頭になかった。3回転+3回転が完璧《かんぺき》に決まる。大歓声《だいかんせい》が真央の背中を押す。真央は演技に集中していた。

転倒のことなど、もうすっかり記憶《きおく》から消えていた。揺《ゆ》るぎのないスパイラル、正確無《む》比《ひ》のステップ、高速のスピン。すべてのジャンプに恐れることなく向かっていく。

最後のポーズを決めたとき、真央は『幻想即興曲《げんそうそっきょうきょく》』の世界の中にいて、ほほえんでいた。その表情が、少しだけ曇《くも》る。転倒のことを思い出したのは、演技が終わったあとだった。

それでも観客はスタンディングオベーション。あれだけ大きな転倒をしたにもかかわらず、拍手《はくしゅ》はいつまでも鳴りやまない。

その拍手《はくしゅ》がすでに、真央の成し遂《と》げた演技の素晴《すば》らしさを物語っていた。アクセル0ポイント、ルッツもエッジの不正で減点を受けていたにもかかわらず、フリーの得点は

afio

2008年3月世界選手権（イエテイボリ）。フリー『幻想即興曲』の演技を終えて、笑顔で観衆に応える

120点を超《こ》えていた。

こうして真央は、小学校5年生のころからの憧《あこが》れだった世界選手権で、ついに優勝を果たした。本当に嬉《うれ》しかった。けれども、まだまだやり残したことがあるとも感じていた。ショートでもフリーでも、完璧《かんぺき》に滑《すべ》って優勝したわけではない。もっともっと上手になりたかった。それに、真央にはまだ、究極《きゅうきょく》の夢が残されている。バンクーバー・オリンピックまであと2年。その夢のリンクを、真央はしっかりと見すえた。

第7章

# 耐える シーズン

## 新体制

2008年4月、高校3年生になった真央には、バンクーバー・オリンピックへ向けた新しい体制作りが着々と進んでいた。

中京《ちゅうきょう》大中京《ちゅうきょう》高校からは、教師たちが真央のもとに出張して授業をしてくれることになった。こうした体制は海外のトップアスリートなら当たり前だったが、日本ではまだまだなじみがなかった。真央がその先駆《さきが》けになったといっても過言《かごん》ではない。

7月にはスポンサーの食品会社から、肉体トレーニングを担当する牧野講平《まきのこうへい》コーチが派《は》遣《けん》された。

それまで真央はずっと、体を後ろに反《そ》らせるレイバックスピンの得意な選手の宿命ともいうべき、腰痛《ようつう》に悩まされてきた。痛みが強いときには、腰《こし》にコルセットをはめて練習もした。

しかし、牧野《まきの》コーチの肉体トレーニングの指導《しどう》で、真央は長年悩まされてきた腰痛《ようつう》を克《こく》服《ふく》する。腰《こし》の痛みがなくなったことは、真央にとって大きなプラスとなった。

また同じ食品会社からは、管理栄養士の河南《かわなみ》こころも派遣《はけん》された。二人はそれぞれの専門分野だけでなく、真央の心のささえにもなった。

そして、新しいコーチ。ラファエルが四大陸選手権に来ないとわかってから、コーチ選びはすでに始まっていて、世界選手権のころには、ほぼ決まっていた。その決定を真央が母から聞いたのは、高校3年生になった4月のことだった。

「真央、タチアナ先生、ＯＫだって」

「やった」

嬉《うれ》しかった。『ヴァイオリンと管弦楽《かんげんがく》のためのファンタジア』で自分の可能性を広げてくれたタチアナ先生にもっと教わりたいと、真央も思っていたのである。

とはいえ、ロシアと日本との距離は遠い。それにタチアナは、真央だけの専属《せんぞく》コーチというわけでもなかった。ロシアスケート連盟《れんめい》の総合コーチを兼務《けんむ》していたのである。

真央には、タチアナが派遣《はけん》したジャンナ・フォレが帯同《たいどう》することになった。しかし、ジャンナはあくまでアシスタントコーチである。

真央は、日本にいるときは実質的に一人で、練習を積《つ》むしかなかった。そんな真央に、強力な味方がいた。小塚《こづか》コーチである。

## スケーティングの音

このころの真央の日本での練習リンクは、中京《ちゅうきょう》大アイスアリーナだった。同じリンクでは、中京《ちゅうきょう》大に通う小塚崇彦《こづかたかひこ》も練習している。崇彦《たかひこ》が練習するときには、その父親である小《こ》塚《づか》コーチも一緒だった。そして小塚《こづか》コーチは、真央を幼《おさな》いころから知っている。

真央は自《みずか》ら頼んで、折《おり》に触《ふ》れ、小塚《こづか》コーチに練習を見てもらうようになった。とくにスケーティングでは、多くのことを小塚《こづか》コーチから学ぶことになる。

小塚《こづか》コーチによれば、スケーティングの良《あ》し悪しは、「音」に現れるのだという。

それまでの真央のスケーティングには、時折「ガシャッ」という音が混じっていた。それは、氷に脚《あし》の力が伝わり切っていない証拠《しょうこ》だった。

エッジが氷を正確にとらえていれば、氷を押した10の力は、無駄《むだ》なく10のまま推進力《すいしんりょく》となる。そして「ググウッ」という低い音がする。

「ちょっと見ててね」

と小塚《こづか》コーチがお手本として滑《すべ》ってみせる。かつての日本代表の滑《すべ》りは、いまだに衰《おとろ》えてはいなかった。耳を澄《す》ますと、確かに「ググウ」という低い音がする。

「わかるかな」

「よくわかります」

とうなずいて、真央は真似《まね》をしてみる。確かに音が変わった気がした。さらに滑《すべ》り込んでみる。体の進み方が変わっていく。

小塚《こづか》コーチによる数回の指導《しどう》で、真央のスケーティングは劇的《げきてき》に進化した。

このころの真央の様子を、小塚《こづか》コーチは次のように語る。

「私がちょっとやってみせると、『よくわかります』とうなずいて、すぐに実践《じっせん》してしまう。吸収の速さには驚きましたね。それに、身につけた技術を定着させる努力も怠《おこた》らない」

その夏、ロシア合宿から戻った真央は、小塚《こづか》コーチに言った。

「ありがとうございます。小塚《こづか》先生に習ったおかげで、タチアナ先生にほめられました」

「ふうん、なんて言ってた？」

「『あなた、スケーティング変わったわね』って。『小塚《こづか》先生から習いました』って言ったら、『そう、とってもよくなったわよ、素晴《すば》らしいわよ』って」

真央のスケーティングが向上したことも、プログラム作りに影響《えいきょう》していたのかもしれない。このロシア合宿で、タチアナは真央に、とてつもなく難《むずか》しいプログラムを課《か》した。それまでのものとは比較《ひかく》にならないほどの高難度《こうなんど》プログラム『仮面舞踏会《かめんぶとうかい》』である。

## 「耐《た》えるシーズン」

その夏、ロシアに渡った真央を待っていたのは、タチアナのこんな言葉だった。

「真央、今年は『耐《た》えるシーズン』になるわ、覚悟《かくご》してね」

身の引き締《し》まる思いがした。タチアナ先生もまた、すでに翌シーズンのバンクーバー・オリンピックを見すえている。その言葉を聞いて、真央は逆に、頼《たの》もしささえ感じた。

耐《た》え切ろう。バンクーバー・オリンピックを目指すためにも、もっとレベルを上げなければならない。そのためなら、どんな挑戦《ちょうせん》でもするつもりだった。

その夏のプログラム作りは、2つのリンクで行われた。一つは、前年に利用したノボゴルスク・トレーニングセンターのリンク。そしてもう一つは、ロシアの有名なスポーツクラブチーム、チェスカ・モスクワのスケートリンクである。

チェスカのリンクには、一体の銅像《どうぞう》が掲《かか》げられている。アイスホッケーの監督《かんとく》としてロシアチームをオリンピック3連覇《れんぱ》に導いたタチアナの父、アナトルイ・タラソフの銅像《どうぞう》である。

「ロシアアイスホッケーの父」と呼ばれたアナトルイの情熱は、娘であるタチアナにも、しっかりと受け継《つ》がれていた。

「もっと激《はげ》しく！」

チェスカのリンクに、タチアナの声が響く。その声に励《はげ》まされて、真央が舞《ま》う。フリーの曲は、前年に「自分にはまだ早すぎる」と回避《かいひ》したハチャトゥリアンの『仮面舞踏会《かめんぶとうかい》』。真央が演じるのは、最後には死を迎えてしまう悲劇《ひげき》のヒロインである。

最初から最後まで絶《た》え間なく、そしてアップテンポで続くワルツ。少しでも気を緩《ゆる》めれば、たちまち乗り遅れてしまう難《むずか》しい曲だった。その難《むずか》しい曲に、タチアナは目いっぱいのエレメンツを盛り込んだ。

なかでも目玉は、冒頭《ぼうとう》に組み込んだ単発とコンビネーションの、2回のトリプルアクセルである。1プログラムに2回のトリプルアクセルは、すでに中学校3年生の全日本選手権で成功させていた。しかし、ISUの国際大会では、まだ1度も試してはいなかった。

もちろん、成功すれば女子では世界初の快挙《かいきょ》となる。

しかし、トリプルアクセルを取り巻く状況は、中学生のころとは変わっていた。2008-09シーズンのルール変更で、回転不足をより厳《きび》しく判定すると決められたのである。

もしもトリプルアクセルで回転不足を取られれば、ダブルアクセルとみなされ、さらに失敗ジャンプとして、二重に得点を引かれてしまう。真央のように高難度《こうなんど》のジャンプに挑戦《ちょうせん》する選手にとって、回転不足を厳《きび》しく取るというルール変更はとても不利なことだった。

さらに、トリプルアクセルを冒頭《ぼうとう》で2回も跳《と》べば、たとえ成功しても体力を激《はげ》しく消耗《しょうもう》する。プログラムには、中学生以来跳《と》んでいなかった3回転サルコウも組み込まれた。これで6種類すべてのジャンプを跳《と》ぶことになる。

それらをすべて乗り越《こ》えても、終盤《しゅうばん》には40秒の間に70もの要素を詰《つ》め込んだステップシークエンスが待っている。体力が限界に達しようとするさなかの怒涛《どとう》のステップを、タチアナからは「死ぬ気でやりなさい」と言われた。

『仮面舞踏会《かめんぶとうかい》』は、作ったタチアナ本人さえ「過酷《かこく》」と評したほどの、最高難度《なんど》のプログラムだった。『仮面舞踏会《かめんぶとうかい》』への挑戦《ちょうせん》を、真央はのちに、こんなふうに語っている。

「『モスクワの鐘《かね》』（バンクーバー・オリンピックのフリー）は、確かに難《むずか》しいプログラムでした。でも、前年の『仮面舞踏会《かめんぶとうかい》』を経験していたから、楽に感じました。そのくらい、『仮面舞踏会《かめんぶとうかい》』は自分にとっての大きな挑戦《ちょうせん》でした」

すでに7月のはじめには、構成も振付《ふりつけ》も完了していた。しかし問題は、それを滑《すべ》りこなせるかどうかだった。いくら滑《すべ》っても、完成に近づいているようには、なかなか感じられなかった。夏のロシア合宿では、完成の手がかりさえつかめなかった。

難《むずか》しいからこそ挑戦《ちょうせん》したい。

真央は強く思っていた。日本に戻る直前、タチアナからは「難《むずか》しかったら変えてもいいのよ」と言われていた。このままのプログラム構成でいくのかどうか。結論は1か月後、タチアナが来日したときに判断すると言われた。変えたくなかった。

せっかく作ってもらったプログラムで、妥協《だきょう》をしたくはなかった。日本に戻ってから、真央はひたすら滑《すべ》り込み、曲を体にしみ込ませていった。

1か月後の8月中旬《ちゅうじゅん》、中京《ちゅうきょう》大アイスアリーナ。真央の滑《すべ》りを見たタチアナは、大きくうなずいた。

「このままでいきましょう。大丈夫、いけるわ」

その言葉が自信になった。

タチアナの指導《しどう》に、真央は全幅《ぜんぷく》の信頼《しんらい》をおいていた。厳《きび》しいことも言われる。けれども、タチアナの言う通りにすれば、新しい自分、もっと上の自分に出会える気がした。

ただ、一方でタチアナの迫力《はくりょく》に、真央は気圧《けお》されてもいた。

言葉の壁の問題もあった。「自分はこうしたい」という意志を、真央はタチアナにうまく伝えられなくなっていた。

そのことが、真央の初戦に大きな影響《えいきょう》を与えてしまう。

## ルッツの呪縛《じゅばく》

2008年11月中旬《ちゅうじゅん》、18歳の真央の初戦。グランプリシリーズのフランス大会。

ショートプログラム直前の6分間練習を、真央は軽めに行った。それは、経験豊富なタチアナの指示によるものだった。

ショートプログラムは、ローリー・ニコルが振付《ふりつけ》を担当したドビュッシーの『月の光』。前々年の『ノクターン』の雰囲気《ふんいき》を引き継《つ》いだ、優美《ゆうび》にして優雅《ゆうが》な曲である。

リンク中央で、天に向かってゆったりと右手を伸ばし、真央は音を待った。

そのときも、真央はルッツのことばかり考えていた。

前年から修正を重ねてきたルッツ。練習ではもう、ほとんど失敗することなく跳《と》べていたが、試合で決めなければ意味はない。

「絶対に決めよう」

穏《おだ》やかな和音がリンクに降り注《そそ》ぐ。月の光によって力を与えられたかのように、真央は静かに舞《ま》い始める。最初は3回転フリップと3回転ループの連続ジャンプである。静けさの中を、真央は舞《ま》い上がった。

1つ目のフリップは決まった。けれどもその直後、なぜか「失敗」のイメージが浮かぶ。躊躇《ちゅうちょ》したまま跳《と》んだ2つ目のループが、1回転になってしまう。

失敗ジャンプ。それでも、真央は気持ちを立て直そうとした。次のルッツだけは、絶対に決めなきゃ。しかし、その思いが踏《ふ》み切りのタイミングを微妙《びみょう》にくるわせた。3回転を跳《と》ぶはずだったルッツは2回転に終わった。

真央の『月の光』は、観客を魅了《みりょう》するには十分だったし、大きな拍手《はくしゅ》が真央を包んだ。でも、真央は満足できなかった。ルッツを強く意識するあまり、ほかのジャンプに影響《えいきょう》が出てしまっていた。

冒頭《ぼうとう》のフリップ・コンボの失敗には、もう一つ理由があった。それは、フリップとルッツが似通《にかよ》ったジャンプであることだった。

どちらも、踏《ふ》み切り前に左脚《ひだりあし》に体重を乗せて助走し、右脚《みぎあし》のトウ（つま先）で蹴《け》って跳《と》ぶ。両者の大きな違いは、体重を乗せた左脚《ひだりあし》のエッジの違いである。ルッツはアウトサイド（外側）、フリップはインサイド（内側）に乗って、直前まで助走していく。

そんなことは真央だって百も承知《しょうち》だった。練習ではちゃんと跳《と》び分けられていた。しかし、試合という緊張感《きんちょうかん》の中に身をおくと、体がうまく反応しない。

真央の体は、ただでさえ修正が途中のルッツの感覚を、フリップの踏《ふ》み切りのときにも勝手に追いかけてしまっていたのである。

だからこそフリーの『仮面舞踏会《かめんぶとうかい》』で、ルッツを決めたいと真央は思っていた。このままでは終われない。

しかし、タチアナの下した決断は無情《むじょう》だった。

「真央、フリーではトリプルアクセルを一つ外しましょう。それにルッツも」

勝負に徹《てっ》した言葉だった。ショートの滑《すべ》りを見たうえでの、タチアナの戦略である。真

試合前練習。真央に指示を出すタチアナ（中央）。2008年11月フランス大会

央も頭ではそれに納得《なっとく》したし、その決定に従った。

でもそれは真央の本音《ほんね》ではなかった。せっかく1度決めたプログラムなのだから、失敗を恐れず挑戦《ちょうせん》したい。本当はルッツにも、トリプルアクセル2回にも挑戦《ちょうせん》したい。

その本音《ほんね》を飲み込んだことで、真央の気勢《きせい》は無意識のうちにそがれていた。はじめのトリプルアクセルは決まったが、3回転になるはずだったループは2回転。しかも、3回転フリップからの連続ジャンプはまたも失敗してしまう。

フランス大会の総合結果は2位。

グランプリファイナルへの進出は、2週間後のNHK杯に持ち越《こ》されることになった。

## タチアナとの絆《きずな》

NHK杯の6分間練習での真央は、フランス大会とは違っていた。真央らしく、全力で滑《すべ》り、思い切り跳《と》ぶ。それは、フランス大会のあとでタチアナに本音《ほんね》を伝えた結果だった。

「先生、6分間練習では、もっと全力で滑《すべ》らせてください。ずっとそうしてきたし、そのほうが試合でも力を出し切れるんです」

タチアナはすぐに納得《なっとく》してくれた。タチアナ自身、フランス大会でなぜうまくいかなかったのかを疑問に思っていたからである。

「わかったわ、あなたの思う通りにしなさい」

真央のやることは決まった、あとは精いっぱいやるだけ。自分のスタイルに戻したことで、真央の演技は伸び伸びと輝《かがや》きを放《はな》った。ショートでは、前年の日米対抗以来1年以上ぶりに、3回転ルッツを成功した。さらに翌日のフリーの朝、真央はタチアナにはっきりと告《つ》げる。

「先生、トリプルアクセルを2回跳《と》ばせてください」

タチアナはそれも受け入れた。

受け入れてもらったことで、フリーでの攻めの気持ちはさらに高まった。

最初のトリプルアクセルはコンビネーションの予定が単発になったけれど、真央は落ち着いていた。急遽《きゅうきょ》、2つ目のトリプルアクセルをコンビネーションに切り替えて跳《と》んだ。

観客の拍手《はくしゅ》に気持ちを乗せて、フランス大会で失敗した3回転サルコウもきっちりと決めた。そして、終盤《しゅうばん》の怒涛《どとう》のステップ。その演技に、観客は熱狂《ねっきょう》した。

「マラディアツ、素晴《すば》らしかったわ、真央！」

演技を終えた真央を強く抱きしめ、タチアナは何度も「素晴《すば》らしい」を連呼《れんこ》した。もちろん真央にも達成感《たっせいかん》の笑顔《えがお》がある。

2回のトリプルアクセルの成功は、2つ目が回転不足を取られたために、次に持ち越《こ》された。もちろん次とは、グランプリファイナルである。

ショート、フリーともに1位での完全優勝。タチアナとの絆《きずな》をさらに深めて、真央は堂々とファイナルへ乗り込んでいった。

## 2度目のファイナル制覇《せいは》

２００８年12月中旬《ちゅうじゅん》、ファイナルの開催地《かいさいち》である韓国《かんこく》のゴヤンは、ショートプログラムでトップに立ったキム・ヨナへの大声援《だいせいえん》に沸《わ》いていた。真央が初優勝した２００５年ののち、２００６年、２００７年と2年連続でファイナルを制していたキム・ヨナに、連覇《れんぱ》の夢を託《たく》して。

韓国《かんこく》のキム・ヨナファンの視線は、当然、ライバルでもある真央にも注《そそ》がれていた。真央はショート2位、1位のキム・ヨナとはわずかに0．56ポイント差だった。決着は翌日のフリーだと、韓国《かんこく》マスコミはライバル対決を煽《あお》り立てていた。

真央にはライバル対決という意識はない。

もちろん優勝は欲しい。でも真央が本当に求めていたのは、ライバルへの勝利でも、得点でも順位でもなく、自分に納得《なっとく》がいく演技、パーフェクトな演技をすることだった。まだトリプルアクセルを2回完璧《かんぺき》に跳《と》べてはいない。このファイナルの舞台《ぶたい》で、どうしてもそれを成功させたかった。

フリープログラム、真央を迎えた拍手《はくしゅ》は、いつもより少なめだった。でも、それは日本のファンからの応援《おうえん》だった。その人たちのためにこそ、がんばりたい。真央は逆風《ぎゃくふう》を追い風に変えた。表情が、いつにもまして引き締《し》まる。

集中していた。

会場に流れ出す、『仮面舞踏会《かめんぶとうかい》』の歯切れのいいワルツ。

その音に、真央の体がシンクロする。最初は、トリプルアクセルから2回転トウループへと続く連続ジャンプ。迷いのない、完璧《かんぺき》な連続ジャンプである。

韓国《かんこく》のファンからも、拍手《はくしゅ》と歓声《かんせい》が沸《わ》き上がった。イーグル（両足のトウを外に開いて横に滑《すべ》る技）からステップをつむぎ、さらにスピードを上げて再び舞《ま》い上がる。より大きな歓声《かんせい》が会場に広がった。

2つ目のトリプルアクセルも成功した。女子で世界初の快挙《かいきょ》を成し遂《と》げた瞬間《しゅんかん》である。

後半の3回転フリップで転倒はしたが、それによっても、真央の集中力は途切《とぎ》れなかった。うまく自分をコントロールし、ほかのエレメンツをすべて成功させた。

達成感《たっせいかん》が、真央を満たした。

2度目のファイナル制覇《せいは》。それは、〝不思議《ふしぎ》な快進撃《かいしんげき》〟で勝った15歳のときとは違う、実力でたどり着いた優勝だった。

afto

2008年12月、全日本選手権。フリー『仮面舞踏会』　(試合前の練習のときのもの)

## 全日本選手権3連覇《れんぱ》

母は言う。

真央は幼《おさな》いころからずっと、自然体で生きてきたのだと。もちろんそれは、周囲の人の気持ちを察することなく我が道を行くのとは違う。

真央は、人の気持ちを察する力を、人一倍持ち合わせている。でも、だからといって、ありのままの自分を捨てて、相手の望む自分を演じているわけでもない。

15歳でグランプリファイナルを制したころは、少し違っていた。

周りの人から「マスコミにはこう答えたほうがいい」「もっと大人っぽく」「もっとアスリートっぽく」とアドバイスをされ、期待通りの自分を演じようとしたこともあった。

けれども、そうやって背伸びをすれば、自分らしさは失われてしまう。大人になろうと焦《あせ》る必要はないと、真央は考えるようになっていた。だから、18歳になったこのころの真央は、インタビューでの受け答えでも、もとの自然体に戻っていた。

こうした真央の自然体は、真央の演技にも表れている。世の中で演技といえば、「自分以外の誰《だれ》かを演じること」とイメージするのがふつうである。

フィギュアスケートの選手の中にも、しっかりと役作りをする選手は多い。けれども、真央の場合は違う。いわゆる役作りというものに、真央は頼《たよ》ろうとはしないのだ。

真央は語る。

「プログラムの曲から感じるイメージは、試合によって全然違います。会場の大きさやリンクの広さ、お客さんの反応も毎回違う。そういうものを感じながら演じているので、演技も毎回変わっています。

どんな演技になるのか、毎回自分でも楽しみにしているんです」

もちろん、フィギュアスケートの演技は、舞踊《ぶよう》ではない。

真央は勝ち負けがつきまとう競技の中で、演技をしているのだ。演技中に、スピンなら回転数、スパイラルなら決められる秒数を、頭の中でカウントしなければならない。ジャンプの前なら、感情表現など考えている余裕もない。

しかし、それらの中にも、真央の自然体は投影《とうえい》される。勝ちたいという気持ち、それを抑えようとする気持ち、挑戦《ちょうせん》したいという気持ち、それらすべてが素直に表現に重なる。たとえ決められた振付《ふりつけ》や構成の中であっても、真央が表現しているのは、「自分以外の誰《だれ》か」ではなく、「自分自身」なのだ。

だから演技中にも、観客の声がよく聞こえる。ジャンプやその前後では跳《と》ぶことに集中しているために声は消えるが、それ以外のエレメンツ、たとえばステップなどでは、観客の声が耳に届く。それが真央の心を動かし、ステップや手の動きに託《たく》される。

2008年12月下旬《げじゅん》、3連覇《れんぱ》のかかった全日本選手権の、ショートプログラム。真央は月の光に照らされた世界の中心に立っていた。曲に合わせて静かに響く小波《さざなみ》のような拍手《はくしゅ》と、真央は演技中ずっと呼吸し続けていた。

そしてフリー。

『仮面舞踏会《かめんぶとうかい》』で真央が演じたのは、踊《おど》りの果てに死を迎える悲劇《ひげき》である。悲劇的《ひげきてき》な結末に向かっているヒロインでさえ、真央にかかれば生きる喜びに満ち溢《あふ》れる。拍手《はくしゅ》と歓声《かんせい》に迎えられたスパイラルでは笑顔《えがお》さえのぞかせる。わずか4分間の舞踏会《ぶとうかい》を、真央は最後まで力強く生き抜いた。・・・・

最終滑走者《かっそうしゃ》だった真央は、キス&クライで得点を聞き、自《みずか》らの優勝を知った。

全日本選手権3連覇《れんぱ》。

エレメンツにいくつかの失敗があったから無条件の笑顔《えがお》というわけにはいかなかったけ

れど、それは真央の心をそのまま映した、自然体の笑顔《えがお》だった。

## 疲労《ひろう》

バンクーバー・オリンピックまで、あと1年と迫《せま》った2009年2月。

その年の四大陸選手権の開催地《かいさいち》は、オリンピックと同じバンクーバーの、パシフィック・コロシアムだった。

大会を運営する国際スケート連盟にとっても、地元バンクーバーにとっても、それは翌年のオリンピックに向けての、実践的《じっせんてき》な予行演習の意味を持っていた。

そのことは、真央にとっても同じだった。すでにこの2年前に、真央はパシフィック・コロシアムを訪れていたが、そのときは、アイスショーのついでに誰《だれ》もいないリンクで滑《すべ》っただけだった。今回は違う。観客が入ったオリンピックの会場で、演技をできるのだ。

「だから、目に焼きつけようって思ってました。滑《すべ》ったときの景色とか、リンクとか、どこにトイレがあるのかとか、いろんなことをすべて」

真央には技術的な目標もあった。ここまでの4試合のショートで、3回転フリップと3

回転ループの連続ジャンプを1度も成功させていなかった。それを成功させるため、スピンの難易度《なんいど》を落としもした。その意味でも、真央にとって四大陸選手権は大事な大会のはずだった。

ところが、思わぬことが起こる。四大陸選手権が近づいても、気持ちがいっこうに盛り上がってこないのである。

なぜモチベーションが上がらないのか。

その原因を、母は真央の「疲れ」にあったと分析した。確かに2008－09シーズンの前半戦では、いつもの年より試合間隔《かんかく》が短かった。

グランプリシリーズの真央の初戦は、例年なら10月の下旬《げじゅん》か、遅くとも11月上旬《じょうじゅん》。ところがこのシーズンでは、出場したシリーズの初戦が11月中旬《ちゅうじゅん》だったために、およそ10日ごとに、大きな大会が目白押しになってしまっていた。

しかも、年が明けた2009年1月にも、真央は3つものアイスショーに出場していた。肉体的にも疲労《ひろう》がたまり、精神的にもほとんど気の休まらないまま、真央は四大陸選手権を迎えていた。

もう一つある。タチアナの不在である。その原因は、ロシアの強化部のコーチも務めていたタチアナが、四大陸選手権と日程の重なったロシア国内選手権を優先したためだった。このこともまた、真央のモチベーションの低下につながっていた。

四大陸選手権のショートの演技は、真央らしからぬものだった。大会前に目標としていた3回転＋3回転は2つ目のループの着氷《ちゃくひょう》が乱れて2回転と判定され、ルッツもパンクして2回転になってしまう。トップのキム・ヨナに15ポイント近くの差をつけられての、6位。

ショートの順位としては、前年のグランプリファイナルと並んで過去最低だった。

このままじゃいけない。

巻き返した真央は、翌日のフリーで1位を獲得《かくとく》する。しかし、15ポイント差はあまりに大きく、総合結果も3位に終わった。

モチベーションの低下が言いわけにならないことを、真央は十分にわかっていた。アスリートである以上、やる気が出ないということなど、許されるはずもない。

せめてもの救いは、それが1か月後の世界選手権ではなかったことだった。モチベーションが上がらなかった理由を、真央は四大陸選手権から1か月後の世界選手権に求めた。2連覇《れんぱ》のかかった世界選手権に気持ちが向かってしまって、目の前の四大陸選手権に集中でできていなかったのかもしれない。だったら、四大陸選手権での教訓《きょうくん》を生かして、世界選手権で最高の演技をしよう。真央はそう考えていた。

## オリンピックへの架《か》け橋

ところが、四大陸選手権のあとも、気持ちも調子も上がってこない。ジャンプの精度《せいど》も下がったまま。2連覇《れんぱ》、そして2度目の優勝を目指すべき世界選手権。それを前にして、真央は自分の気持ちをつかみかねていた。

迷いと不安の中で迎えた2009年3月の世界選手権。そこで真央が見せた演技は、これもまた「らしくない」ものだった。

ショートプログラム。

冒頭《ぼうとう》の3回転フリップ＋3回転ループの連続ジャンプはこのシーズン初めての成功。しかし問題はその次だった。3回転ルッツが、2回転に終わってしまう。

ルッツで失敗したのは、初戦のフランス大会以来のことだった。ショートの得点はシーズンベストを更新《こうしん》したが、トップのキム・ヨナに10ポイント以上もの差をつけられての3

「ルッツを失敗するなんて考えられないわ、いったいどういうことなの。練習ではずっと成功していたというのに、なんで今さらルッツなの」

試合後のタチアナは、わけがわからないというように頭を振った。でも真央の心は、悔《くや》しさを感じていなかった。

たった今、2連覇《れんぱ》の夢が断たれたというのに悔《くや》しさを感じていないことが、真央には不《ふ》思議《しぎ》だった。それでも、考え方を切り替えた。今の状態でのベストをつくそう。

「ミスをしないでがんばりたいと思います」

ショート直後のインタビューでは、そう強気に答えた。だが、フリー開始からわずか1分後、真央は会場の悲鳴《ひめい》に包まれた。

2つ目のトリプルアクセルの踏《ふ》み切りのタイミングを誤《あやま》って、真央は転倒していた。「今の状態でのベスト」をつくした結果は、ショートから順位を一つ落としての総合4位。

それは、真央がシニアに上がって以来初めて体験する表彰台《ひょうしょうだい》落ちだった。「惨敗《ざんぱい》」といってよかった。それでも、真央の目に、涙はなかった。なるべくしてなった結果に思えた。

失敗したのだから、この順位も仕方がない。世界選手権を前年に優勝していたことで、

第7章

# 耐えるシーズン

逆に気が緩《ゆる》んでしまった。こんなことは、もう2度と繰《く》り返さない。そして、あえてプログラムの難易度《なんいど》を上げて、次の試合に臨《のぞ》んだ。このままでは、シーズンを終われない。真央はシーズン最後の試合に向けて、プログラムの難易度《なんいど》をさらに上げた。

シーズン最後となる2009年4月の国別対抗戦。そのショートプログラムは、構成が変わっていた。ショートでの3回転＋3回転は、トリプルアクセルからのコンビネーションに変わった。フリーにもトリプルアクセルが2回。つまり、1試合の合計で、3回のトリプルアクセルに挑戦《ちょうせん》したのである。成功すれば世界初の快挙《かいきょ》である。

フリーで一つを失敗したために、その快挙《かいきょ》は幻《まぼろし》に終わった。しかし、それは間違いなく、次のオリンピックシーズンを見すえた挑戦《ちょうせん》だった。

総合得点では、ISU国際大会で、キム・ヨナに次いで史上2人目となる200点超《ご》え、201.87ポイント。シーズンの最後の最後を、真央は最高の形で締《し》めくくってみせた。

このシーズンで、真央は人前で1度も涙を流さなかった。いいときも悪いときも、すべてを受け止め、なぜそうなったかを冷静に分析できる。そんな自分を、真央は身につけていた。

開催《かいさい》まで1年を切ったバンクーバー・オリンピック。それに向けての課題も見えた。こうして真央は、オリンピックシーズン前の最後となる、「耐《た》えるシーズン」を走り抜けたのである。

第8章

# スランプ

## 本番のスケート靴《ぐつ》選び

2009年4月、中京大学《ちゅうきょう》への入学式には、大勢のマスコミが詰《つ》めかけた。幼《おさな》いころから日本中の注目を集め続けてきた真央も、ついに大学生である。インタビュアーに抱負《ほうふ》を問われた真央は、ほほえみながら、しかし力強く語った。

「成長した自分を、みなさんの前で見せられるようにがんばりたいと思います。大学生になってやりたいこと？　ネイルアートですかね」

大学の授業では、ロシア語を選択した。もちろんタチアナとのコミュニケーションを密《みつ》にするため。行動のすべては、10か月後のオリンピックにつながっていく。

この4月から5月には、オリンピックを控《ひか》えたこのシーズンに限らず、真央が毎年行っていることがある。スケート靴《ぐつ》選びである。

真央のスケート靴《ぐつ》は、イタリアのスケート靴《ぐつ》メーカー、リスポートの製品である。ほかの選手はほとんどがオーダーメイドだが、真央がこの2009-10シーズンまで履《は》いていたのは、リスポートの既製品《きせいひん》だった。

既製品《きせいひん》といっても、一つひとつに微妙《びみょう》な違いがある。だからリスポートからは、10セットほどの既製品《きせいひん》を送ってもらい、その中から自分に合うものを選ぶ。

「10足」ではなく「10セット」というのは、靴《くつ》とブレードが、まだ別々の状態で送られてくるからだ。ここから、最適な組み合わせを選び出す。

中京大《ちゅうきょう》アイスアリーナの控室《ひかえしつ》。真央は、送られてきた10セットの靴《くつ》を並べ、見つめた。前シーズンから靴《くつ》選びを手伝ってもらっている小塚《こづか》コーチも一緒だ。すでに靴《くつ》は、右足用と左足用に分けて並べられている。靴《くつ》の左右でも、出来に違いがあるからだ。

小塚《こづか》コーチが、一つひとつ手に取って調べていく。とくに小塚《こづか》コーチが注目するのは靴《くつ》底《ぞこ》である。素人《しろうと》目には同じに見える靴底《くつぞこ》でも、よく見るとつま先部分とかかとの部分で高さが違っている。その高さの差が小さく、氷に対して水平を保てる靴底《くつぞこ》が、良い靴《くつ》の条件なのである。そうやって選び出した靴《くつ》を、小塚《こづか》コーチは良いほうから順番に並べ替える。

しかし、小塚《こづか》コーチが良いとした靴《くつ》が本当に合うかどうかは、実際に使う真央にしかわからない。

「真央ちゃん、履《は》いてみて」

並べた順に、真央が足を通していく。一つ履《は》くごとに立って、動いて、履《は》き心地を確かめる。そして、履《は》き心地の良い順番に、今度は真央が並べ替えていく。

一方、良いブレードの条件は、ゆがみが少ないことだ。小塚《こづか》コーチは、選び出したゆがみの少ないブレードを、真央が選んだ靴《くつ》に取りつける。ただし、はじめは仮どめである。リンクに移動し、仮どめしたスケート靴《ぐつ》を履《は》いて、真央が片脚《あし》で滑《すべ》る。ブレードの位置が悪いと、真っ直《す》ぐに滑《すべ》ろうとしても軌道《きどう》は左右に曲がってしまう。

その曲がり具合を見て、小塚《こづか》コーチは左右の位置を調整する。この作業を何度も何度も繰《く》り返す。真央にも小塚《こづか》コーチにも、いっさいの妥協《だきょう》はない。やがて真央が言う。

「先生、いい感じです。これでいきます」

「そうか、よかった」

こうしてでき上がったスケート靴《ぐつ》を携《たずさ》えて、真央はロシアに向かった。新しい曲、新しいプログラム。自分がどんなふうに変わっていくのか、真央は楽しみにしていた。

## 『モスクワの鐘《かね》』

2009年5月上旬《じょうじゅん》、ロシアのノボゴルスク。タチアナは候補曲《こうほきょく》を10曲ほど用意してくれていた。どれも印象的で、明るく軽やかな曲もあった。でも、その曲ほど、真央の心をとらえた曲はなかった。

最初に聞いたときは、とくに大きな感慨《かんがい》はなかった。『仮面舞踏会《かめんぶとうかい》』と同様にテンポに緩急《かんきゅう》がほとんどない。曲調は重々しく、暗く、しかも『仮面舞踏会《かめんぶとうかい》』のような物語性も感じられなかった。時折音がうねるように伸びるほかは、単調な曲にも思えた。

「次で盛り上がるのかな」「ここからクライマックスかな」と思っているうちに曲は終わっていた。感動はない。ただ「なんなんだろう、この曲」という疑問だけが残った。

何かがひっかかる。でも、その何かが、とても重要なことに思えた。だから、曲を最後まで聞き終えたとき、真央は言った。

「先生、もう1度聞かせてください」

そうやって何度も、タチアナにリクエストした。その日だけでは決められず、翌日、もう1度、聞いてみた。そして、自分がなぜ気になっていたのかがわかった。

何度目かに、真央は突然、地面から大きな力が沸《わ》き上がってくるような感覚を覚えた。それは、それまで真央が求め続けていた『人間の力強さ』だった。

オリンピックを目指すために一番必要なのは気持ちを強く持つことだと、真央は考えていた。ジャンプを乱すのも、気持ちが弱いせいだと考えていた。

その曲で滑《すべ》る自分を思い浮かべる。パシフィック・コロシアムで、その曲に背中を押されながら力強く滑《すべ》っている自分が、見える気がした。

「この曲がいいです、これにします」

「そう、良かったわ。本当は私も、これを選んでほしいと思っていたのよ」

それが、ラフマニノフの『モスクワの鐘《かね》』（前奏曲《ぜんそうきょく》『鐘《かね》』）。バンクーバー・オリンピックで使用する、真央のフリープログラムの曲だった。

ラフマニノフの『モスクワの鐘《かね》』には、帝政ロシアが崩壊《ほうかい》していくときの民衆の嘆《なげ》きや怒りが込められているという。それを真央は純粋に、『人間の力強さ』そのものとして感じ取った。

その選択に苦言《くげん》を呈《てい》する関係者もいた。難解《なんかい》すぎる、もっと真央らしい、さわやかな曲のほうがいい。なぜ、こんな暗い曲でなければならないのかと。タチアナでさえ、「もし滑《すべ》り切れなかったら、もう一つの明るい曲に変えるから」と言っていた。

『モスクワの鐘《かね》』を滑《すべ》ることの難《むずか》しさは、練習する前から感じていた。曲の力強さに自分の演技が負けてしまわないか、心配だった。

しかし、真央は『モスクワの鐘《かね》』への挑戦《ちょうせん》をやめなかった。「滑《すべ》り切ればきっと、オリンピックにふさわしい曲になる」と信じていた。

## プログラム作り

真央とタチアナが目指す頂《いただき》はただ一つ、オリンピックの金メダルである。その栄冠《えいかん》を勝ち獲《と》るための最大の武器。それはショートで1回、フリーで2回、合計3回のトリプルアクセルである。

前シーズンで、トリプルアクセルを跳《と》んだ女子選手は真央、ただ一人。もちろん真央にとっても、トリプルアクセルは簡単ではない。それを一つの大会で3回も決めることは、まさに前人未到《ぜんじんみとう》、真央にしかできない究極《きゅうきょく》の挑戦《ちょうせん》だった。

その挑戦《ちょうせん》にそなえて、プログラムからはルッツジャンプを外した。それはいうまでもなく、オリンピックで勝つための、前向きな選択だった。

ショートプログラムは、前シーズンのフリーの曲、『仮面舞踏会《かめんぶとうかい》』を使うことに決めていた。といっても、曲に託《たく》したテーマは前シーズンとは違う。

以前のテーマが『悲劇《ひげき》』なら、2009-10シーズンで描《えが》くのは『華やかさ』と『初々《ういうい》しさ』。初めて舞踏会《ぶとうかい》に参加した女性を表現する。

ノボゴルスクのリンクに、『仮面舞踏会《かめんぶとうかい》』が流される。タチアナのコンセプトに従って、アシスタントのジャンナコーチがラフに滑《すべ》ってみせる。その動きを大づかみに真似《まね》ながら、真央が滑《すべ》る。そして二人で、その動きを検証《けんしょう》する。

「これは真央のイメージね」

「先生、この動きは、こう変えたほうがやりやすいです」

「そう、じゃあ、そうしてみて」

コリオ（振付《ふりつけ》）の大きな流れが決まったら、細かいステップやポーズ作りに入る。形の美しさや完成度を上げるため、ときにはリンクにバレエコーチが招かれることもあった。

『華やかさ』や『初々《ういうい》しさ』というテーマに沿って、新しいコリオが作り出されていく。前シーズンで自《みずか》らの首を絞《し》めるポーズで終わっていた『仮面舞踏会《かめんぶとうかい》』のラストは、両手を広げて笑顔《えがお》を見せるポーズに変わった。

コリオができ上がると、タチアナの演技指導《しどう》が始まる。同じコリオでも、気持ちのこめ方で印象はまったく違ってしまう。

「もっと笑顔《えがお》で」「もっと大きく」。タチアナの指示に応えて、真央が何度も演技をする。

うまくいったときは「イエス!」、うまくいかなければ「ワンモア」。どこまでも妥協《だきょう》なく、その作業は続いていく。

それでも『仮面舞踏会《かめんぶとうかい》』のプログラム作りは、比較的《ひかくてき》スムーズにいった。前シーズンで滑《すべ》っていたこともあり、曲が体にしみついていたからである。

苦労したのは、フリーの『モスクワの鐘《かね》』だった。曲調がシンプルな分、確かな表現力が試される。表現で目指したのは、『人間の力強さ』そのもの。

そのコンセプトに向かってタチアナは、抽象的《ちゅうしょうてき》でありながらインパクトの強いコリオを次々と編み出した。スパ

afto

タチアナの求める演技表現に妥協はない。　(2009年10月、ジャパンオープンのときのもの)

イラルで指の隙間《すきま》から見つめる『強い目』や、ステップの途中で開いた指先を顔にかぶせるポーズ。真央自身、やったことのない動きばかりである。

何より難《むずか》しかったのは、そのコリオに託《たく》す感情表現だった。それまで真央が表現したことのない、『怒り』や『苦しみ』、『激《はげ》しさ』を、力強く表現しなければならない。

「もっとエネルギッシュに！」

「睨《にら》むように見つめて！」

タチアナの指導《しどう》は激《はげ》しかった。その様子を見て、真央のマネージャーである和田麻里子《わだまりこ》はこんなことを感じたという。

「厳《きび》しかったですね。タチアナ先生も必死だったんだと思いますよ。真央という最高の素《そ》材《ざい》を通じて、タチアナ先生は自分の最高傑作《けっさく》を作ろうとしていたんだと思います。真央を通して自分の作品をオリンピックに問う、というような意気込みでしょうか」

それでも、リンクを降りれば、タチアナは誰《だれ》よりも優しかった。中京《ちゅうきょう》大の入学式で真央が語った「大学生になったらネイルアートを」という夢をかなえてくれたのも、タチアナだった。ロシア的なデザイン。そのネイルには、たくさんのハートが書き込まれていた。

ロシア合宿を終えて帰国する真央を「愛してるわ」と抱きしめて見送ったあと、タチアナは自宅のテレビで、前シーズンの真央の演技を見返していた。キム・ヨナを逆転で破ったときのビデオである。ビデオをじっと見つめながら、タチアナはつぶやき続けた。

「あなたは強い、誰《だれ》よりも強い……」

タチアナは、愛弟子《まなでし》にどれほど難《むずか》しい挑戦《ちょうせん》を強《し》いているのかを十分に理解していた。過酷《かこく》なプログラム、重圧との闘《たたか》い。あなたは強いとつぶやくタチアナの頬《ほお》に、涙がつたった。

そんなタチアナの思いを、真央は十分に感じ取っていた。厳《きび》しさと優しさ、そしてタチアナが持つ力強さが、真央を勇気づけていた。

## 周囲の期待

夏が過ぎ、オリンピックシーズンが近づいてくる。ロシアで予定されていた公開練習でも、真央は新プログラムを発表しなかった。それは、新しい『仮面舞踏会《かめんぶとうかい》』と『モスクワの鐘《かね》』を、より鮮烈《せんれつ》に見せるため。チャンピオンメーカーであるタチアナの立てた戦略だった。

真央がどんな演技をするのかは、関係者以外誰《だれ》も知らない。それでも、いやだからこそ、マスコミや世間が真央にかける期待は、さらに大きく膨《ふく》らんでいた。

「バンクーバーでの目標は？」

とインタビューで聞かれれば、真央は逃げずに、「一番いい演技をして、優勝を目指します」「金メダルを目指します」と強気な発言を繰《く》り返していた。

スポーツ新聞には、「浅田真央がトリプルアクセルからの3回転ジャンプに挑戦《ちょうせん》か！」などという文字まで躍《おど》った。実際、マスコミから「挑戦《ちょうせん》するのか」と聞かれたこともあった。

「トリプルトリプルですか、うーん」

笑顔《えがお》で受け流した。けれども、真央の現実は、その笑顔《えがお》とは裏腹《うらはら》だった。周囲の期待とのギャップ。9月に入っても、トリプルアクセルの調子は万全《ばんぜん》とはほど遠かった。まして1試合3回のトリプルアクセル成功は、まだまだ遠い目標でしかなかった。

みんなに期待してもらえることは嬉《うれ》しかった。でも、真央は気づいている。金メダル以前に、自分はまだオリンピック出場すら決めていない。最悪の場合には金メダルどころか、オリンピックに出られないことだってありうるのだ。

だから、流されてはいけない。インタビューなどで色紙にサインを求められれば、真央は迷わずこう書き記した。

「日進月歩《にっしんげっぽ》」

1日1日を大切にして、着実に前に進んでいく。その方法でしかバンクーバーにも、ましてメダルにも近づけないことを、真央は前シーズンまでの経験で、十分に理解していた。

## 試《し》練《れん》の始まり

シーズン前の真央は、いつだって「強気」を求めていた。「プレッシャーなんてない」と自分に言い聞かせたし、オリンピックへのワクワクした気持ちを大切にして、つねに笑《え》顔《がお》を絶《た》やさなかった。しかし、山田コーチはそのころの真央を振り返って、「プレッシャーを感じないわけがない」と断言した。

「確かに真央には、プレッシャーを感じているという自覚はあまりなかったと思います。もともと楽天的で強い子でしたし、本人なりにプレッシャーを意識しないようにもしていました。でも、あのときの真央には、ふつうの選手なら簡単につぶれてしまうくらいの、ものすごいプレッシャーがかかっていたんです。プレッシャーを感じないわけがないじゃないですか」

オリンピックに出場するためには、試合に勝たなければいけない。勝負からは逃げられない。しかし、勝ちを意識すれば演技には集中できない。プレッシャーとの闘《たたか》い、それはいわば極限《きょくげん》ともいうべき「勝負への意識」との闘《たたか》いだった。

2009年10月初旬《しょじゅん》、真央のバンクーバーシーズンは、ジャパンオープンで幕《まく》を開けた。披露《ひろう》するのは、フリーの『モスクワの鐘《かね》』のみである。

会場となったさいたまスーパーアリーナには、それまで謎《なぞ》のベールに包まれていた真央の新プログラムを見ようと、大勢の観客が集まっていた。いやそれだけではない。真央の新プログラムには、世界の注目が集まっていた。

真央の名がコールされる。タチアナの短い励《はげ》ましに「はい」と答えてから、その日の最終滑走者《かっそうしゃ》として、真央はリンクに進み出た。身にまとったのは黒に青いラインが入った衣装。観客たちの大きな拍手《はくしゅ》に両手を広げて応えて、真央は中央に立った。

本当は不安でいっぱいだった。その不安を追い出すように、真央は両手で自分を抱きしめる始まりのポーズを作りながら、長くふーっと息を吐《は》いた。

重々しいホルンの音色《ねいろ》が、会場を覆《おお》いつくす。体を2回波打たせてから、滑《すべ》り始める。最初はトリプルアクセルとダブルトウループのコンビネーション。しかし、助走でスピードが出ない。舞《ま》い上がったときの回転速度は、明らかに足りなかった。

着氷《ちゃくひょう》で思わず氷に両手をつき、2つ目のトウループがつけられない。でも、迷っている暇《ひま》はなかった。次は単発のトリプルアクセルである。

しかし、またも勢いはつかなかった。アクセルは途中でほどけて1回転半になってしまった。3連続ジャンプは回転不足、3回転サルコウは1回転。

曲の終わりに少し遅れて、真央は最後のポーズを決めた。曲の力強さに追いつけなかった。満足感はない。それでも、とにかく最後まで滑《すべ》り切ったことに違いはない。少し首をかしげてから、真央は観客に笑顔《えがお》を送った。

次でがんばればいい。このときの真央には、まだ心の余裕があった。キス&クライに座ってカメラに手を振ったときも、試合後のインタビューで「課題がたくさん見えました」と強気に答えたときにも、笑顔《えがお》を見せるゆとりがあった。

## 大スランプ

ついに、オリンピックシーズン開幕《かいまく》。オリンピックの出場選手が最終的に決まるのは、

12月の全日本選手権のあとである。しかし、それまでのグランプリシリーズで結果を出せば、自分の自信にもつながるし、オリンピックへの道もぐっと近づく。

だから10月中旬《ちゅうじゅん》、初戦のフランス大会に臨《のぞ》んだとき、真央は「パーフェクトな演技で優勝を決めよう」と決意していた。

ショートプログラムの衣装は、清廉《せいれん》を象徴《しょうちょう》する水色。『華やかさ』と『初々《ういうい》しさ』を身にまとい、真央は新しく生まれ変わった『仮面舞踏会《かめんぶとうかい》』に挑《いど》んだ。

強い気持ちで挑《いど》んだはずだった。けれども、冒頭《ぼうとう》のトリプルアクセルのコンビネーションで、またも失敗のイメージが頭をよぎる。アクセルは、舞《ま》い上がった直後にパンクし、1回転半に終わってしまう。

そのミスが響いた。キム・ヨナに早くも17ポイント以上もの大きな差をつけられての、ショート3位。それでも、あきらめるつもりはなかった。

逆転優勝は難《むずか》しい。でも、今はそんなことより、『モスクワの鐘《かね》』をパーフェクトに滑《すべ》ることが先決。真央は気持ちを奮《ふる》い立たせた。

「いいわね、落ち着いて、力強く」

タチアナの言葉に「オーケー」と短く答えて、真央がフリーのリンクに登場する。衣装は、ジャパンオープンのときの黒から鮮烈《せんれつ》な赤へと変わっていた。

ホルンが鳴る。滑《すべ》り始めた真央の表情には、ジャパンオープンのときとは比べものにならないほどの気迫《きはく》があった。最初はトリプルアクセルからの連続ジャンプである。

高く、そして美しく舞《ま》い上がった真央の気迫《きはく》は、速い回転ののちに力強く氷をとらえた。シーズン初のトリプルアクセル成功である。２つ目のトウループにも、いっさいのぶれはない。

大きな拍手《はくしゅ》が沸《わ》き上がった。真央の心に「やった」という小さな達成感《たっせいかん》が浮かぶ。それで気を抜いたわけではなかった。気持ちを切り替えたつもりだった。

しかし、次の単発のトリプルアクセルは、回転不足のせいで着氷《ちゃくひょう》が乱れた。パーフェクトが遠ざかっていく。さらに3つのジャンプのミス。少しずつ、体が曲に乗り遅れていく。曲が終わって3秒後の静けさの中で、真央は最後のポーズを決めた。

フリーで巻き返しを狙《ねら》っていた真央は、順位を1つ上げて2位。しかし得点では、キム・ヨナに36ポイントもの水をあけられていた。

試合後の記者会見で、現地の記者から尋《たず》ねられた。

「なぜ、このような重たい曲を選んだのですか」

「この重厚《じゅうこう》な曲を滑《すべ》ったときに、気持ちをすごく強く持てると思いました。滑《すべ》りも、力強く出せるかなと思っていました」

しかし、力強い滑《すべ》りができていないことは、自分でもよくわかっていた。今の自分はまだ、『モスクワの鐘《かね》』の力強さに負けている。

それでも、このときの真央には、『モスクワの鐘《かね》』を滑《すべ》り切れるという感触《かんしょく》があった。少なくとも1つ目のトリプルアクセルは決められたのだし、40秒のステップにも手応えを感じていた。だから次は必ずパーフェクトに滑《すべ》る。そう心に誓《ちか》っていた。

次とは、タチアナの祖国で行われるロシア大会。それが行われるのは、フランス大会からわずか1週間後のことだった。

ここで優勝しなければ、ファイナル進出の道は途絶《とだ》え、オリンピック出場も遠のいてしまう。ロシア大会までの1週間を、真央は夢中で過ごした。できることはすべてやった。『モスクワの鐘《かね》』を何度も滑《すべ》り込み、トリプルアクセルにも磨《みが》きをかけた。だから今度こそ、成功するはずだった。ロシア大会で、『モスクワの鐘《かね》』は完成しているはずだった。

ところが、そうはならなかった。すべてが、信じられないほどだめだった。

『モスクワの鐘《かね》』は完成には程遠い出来だった。ショートでもフリーでも、トリプルアクセルは1回も決まらなかった。

ショートもフリーもシニアでの自己最低点を記録し、総合順位もシニアになってから初めての5位。

ロシア大会のフリー直後の記者会見に、真央は1時間も現れなかった。ショックで、控室《ひかえしつ》から一歩も出られなかった。涙がいつまでも止まらなかった。

オリンピックの夢がかすんで、見えなくなりそうだった。それでも、まだすべてが終わったわけではない。

aflo

トリプルアクセルはすべて不発。オリンピックの夢がかすみ始める。
2009年10月、グランプリシリーズ・ロシア大会。

ここでうつむいているわけにはいかなかった。

その夜、真央のホテルにやってきたタチアナを、真央は、あえて笑顔《えがお》で迎えた。そうやって自分の心を鼓舞《こぶ》していた。タチアナが、気持ちを確かめるように尋《たず》ねた。

「真央、本当に『モスクワの鐘《かね》』のままでいいの？」

真央ははっきりとした口調で答えた。

「はい。変えたいとは思いません」

そこに確固《かっこ》たる自信があったわけでもなかった。内心では、こんなことも思っていた。

「本当に『モスクワの鐘《かね》』を滑《すべ》れるようになるんだろうか」

そして、そこからの2か月間、真央はマスコミの前から姿を消す。

第9章

# 復活への道

## スピード

10月のロシア大会を終えた時点で、安藤美姫《あんどうみき》は、NHK杯とロシア大会で2連勝。鈴木《すずき》明子《あきこ》も中国大会で優勝を収め、好調をアピールしていた。12月の全日本選手権で確かな結果を残さなければ、真央の夢は完全に消えてしまう。真央は必死だった。

全日本選手権を前に、『モスクワの鐘《かね》』は少しだけ修正された。後半のダブルアクセル前に入っていたイーグルは跳びやすくするために削《けず》られ、ステップシークエンスも修正されて、曲の最後が合わせやすくなった。それでも、高難度《こうなんど》のプログラムであることに変わりはない。

ジャパンオープンからの3試合で8回挑《いど》んだトリプルアクセル、しかし成功したのはわずかに1回。トリプルアクセルが決まらなければ、全日本選手権でも勝てない。

取り戻したい。1本1本、大事に跳《と》ぼう。幼《おさな》いころからそうしてきたように、真央はひたすら練習した。自分を信じて、トリプルアクセルを毎日跳《と》び続けた。

だが、いくら跳《と》んでも、調子は戻ってこなかった。全日本選手権が1日1日と近づいてくる。自分でもはっきりわかるくらいの、回転不足のジャンプが続いた。

全日本選手権があと1か月に迫《せま》っても、トリプルアクセルは成功率が上がるどころか、逆に下がる一方だった。自信が揺《ゆ》らぐ。本当に跳《と》べるようになるだろうか。焦《あせ》りだけが募《つの》っていた。

そんなある日のことだった。中京《ちゅうきょう》大アイスアリーナへと通じる廊下《ろうか》で、長久保《ながくぼ》コーチとすれ違った。こんにちは、と一礼してリンクに向かう。と、背中に声をかけられた。

「真央ちゃん、ちょっと」

真央が「はい」と振り向く。長久保《ながくぼ》コーチは少し顎《あご》を引き、真央の目をじっと見つめた。

「真央ちゃん、今、ジャンプをどういうイメージで跳《と》んでいるの？」

「一つひとつ、丁寧《ていねい》にって思って跳《と》んでます」

「うん、それはいい。ただね、丁寧《ていねい》と、ゆっくり滑《すべ》るっていうのは違うことだよ。今のジャンプは、入りのスピードがなさすぎる」

「え、そんなにないですか」

「うん、遅すぎる。丁寧《ていねい》に跳《と》ぶのはいいけど、スピードをもっと上げないと、トリプルアクセルはいつまでたっても跳《と》べるようにはならないぞ」

そうだったのか、と真央は思った。スピードが落ちていることには、全然気づいていなかった。スピードが落ちていれば遠心力《えんしんりょく》は弱くなる。回転不足の理由がわかった気がした。

「ありがとうございます、やってみます」

実は、この何気ない会話は、日本のフィギュアスケート界では異例《いれい》なことだった。というのも日本では、コーチは自分の指導《しどう》する選手以外にはアドバイスはしないというのが、暗黙《あんもく》のルールだったのである。

まして長久保《ながくぼ》コーチは、真央と代表枠《わく》を争う鈴木明子《すずきあきこ》の専属《せんぞく》コーチである。通常であれば、長久保《ながくぼ》コーチが真央にアドバイスを送ることは、考えられないことだった。

それでも、長久保《ながくぼ》コーチは声をかけた。かつて仙台《せんだい》合宿で自分の膝《ひざ》に乗ってはしゃいでいた真央が苦しむ姿を、「見るに見かねた」のだという。

「私だけじゃなく、真央ちゃんにバンクーバーでメダルを獲《と》らせてあげたいとみんな思っていたんだと思います。あのときの真央ちゃんは、タチアナさんもいない状況で、一人で練習していました。暗い顔をして廊下《ろうか》を歩いているのを見たら、もう見るに見かねましてね」

長久保《ながくぼ》コーチのアドバイスを、真央はさっそくリンクで試した。スピードを上げて、思い切って跳《と》ぶ。すると、確かにジャンプの感覚が変わった。その感覚を追いかけて、何度も跳《と》ぶ。トリプルアクセルの成功率が、わずかに上がった。

1週間後、表情の少し明るくなった真央を見て、長久保《ながくぼ》コーチはさらに別のアドバイスを送った。それは、このシーズンでトリプルアクセルに次いでミスすることの多かった、フリップジャンプに対してのものだった。

「真央ちゃん、踏《ふ》み切り前でタメを作っているときに、腰《こし》が回り始めているよ。あれじゃ、まともなジャンプは跳《と》べない。跳《と》ぶ前には、しっかりと体を止めないと」

腰《こし》が早く回り始めてしまうのは、ジャンプでしっかりと回り切りたいという気持ちの表れなのだと長久保《ながくぼ》コーチは言う。タメが作れなければ、回転スピードは上がらない。

長久保《ながくぼ》コーチのアドバイスを受けて、真央は自分なりに、ジャンプの前のタメを大切にするようになった。3回転フリップの感覚も、少しずつ蘇《よみがえ》ってくる。

「先生ありがとうございます、なんか、つかめたみたいです」

長久保《ながくぼ》コーチがほほえんで応える。しかし、全日本選手権が近づくにつれ、真央の調子は再び落ち始める。想像を絶《ぜっ》するプレッシャーが、真央を締《し》めつけつつあった。

1日中練習しているのに、トリプルアクセルが1回も決まらなくなる。自分の気持ちが原因であることはわかっていた。けれども、いざ跳《と》ぼうとすると、その直前に失敗のイメージがどうしてもよぎってしまう。気持ちをコントロールできない。焦《あせ》り、悔《くや》しさ、苦しさ。全日本選手権が2週間後に迫《せま》ったその夜、真央の気持ちはついに、爆発《ばくはつ》してしまう。

## 舞が教えてくれたこと

「もう、みんな出てって！」

中京大《ちゅうきょう》のアイスアリーナに、真央の叫《さけ》び声が響いた。母でさえ、そんな真央を見たことがなかった。今は、一人にしたほうがいい。母はスタッフたちとともにリンクを離れた。

一人ぼっちのアイスアリーナ。リンクサイドのベンチに座って、真央はうなだれた。情けなかった。幼《おさな》いころからずっと、オリンピックが夢だったのに。もう間に合わない、もう無理……。そのときだった。誰《だれ》かの声が聞こえた。

「真央」

顔は上げなかった。顔を上げなくても、舞だとわかっていたから。舞は、寄《よ》り添《そ》うように真央の横に座り、しばらく黙《だま》った。静かだった。広いリンクにも、滑《すべ》るものはいない。

姉妹、二人きりだった。やがて、舞は静かに言った。

「疲れてるんだよ、きっと」

その言葉を聞いた瞬間《しゅんかん》、涙がどっと溢《あふ》れ出した。それまで我慢《がまん》していた気持ちが、堰《せき》を切ったように流れ出して、止まらなくなった。

それを舞はじっと見守った。真央の気持ちが落ち着くのを待った。そして、ほほえみながら、「真央とはレベルが違うけど」と、ゆっくりと語り始めた。

自分にも、うまくいかない時期があったこと。辛《つら》くて、逃げ出したくなったこと。でも、それを乗り越《こ》えられたこと。そして、その横にはずっと、真央がいてくれたこと。

このとき、舞はすでにオリンピックの強化選手を外れていた。幼《おさな》いころのオリンピックへの夢は、もう終わってしまっていた。だからこそ真央をささえたいと思っていた。真央が自分をささえてくれたように、今は真央をささえたい。舞は言った。

「今まで10年以上もやってきて、何回トリプルアクセル跳《と》んだの？　小学校5年生から練習してきて、何万回って跳《と》んでるんだよ。それだけ練習してきたのに、1週間とかで跳《と》べなくなるほうが、逆にすごいわ」

舞は笑っていた。

「そうだよね」

いつの間にか、真央もほほえんでいた。気持ちが、久し振りに楽になった気がした。

「真央、こんなに泣いて、こんなに疲れてるんだから、今日はもう、やっても意味ないよ。スピンとかで体を慣《な》らして、終わりにしよ。また明日からがんばればいいよ」

舞の言う通りに、軽めの練習で終わらせた。帰り道には、中京大《ちゅうきょう》の近くの中華料理屋に寄った。「何食べる?」「夜遅いからお粥《かゆ》にしとこっか」。話題は他愛《たあい》もない話ばかり。帰りは少し遅くなってしまったけれど、母は何も言わなかった。


翌日、中京大《ちゅうきょう》のアイスアリーナ。いつものように、真央が舞にリクエストをする。

「舞、今日CD持ってきた? なんか曲かけてよ」

真央の声が明るい。舞は、二人のお気に入りだった曲をリンクに流した。浜崎《はまさき》あゆみのニューアルバムや、当時流行《はや》っていたマイケル・ジャクソンの『THIS IS IT』。その曲に乗って、二人でウォームアップをする。

それはまるで、大好きなスケートに出会ったころの二人のようだった。スケーティングから始めて、簡単なジャンプを跳《と》んで、楽な気持ちのまま加速して、そして真央は跳《と》んだ。

トリプルアクセルは、美しく、完璧《かんぺき》に決まった。

「今のいいじゃん！」

と舞が声を上げる。真央も、ニッコリとほほえんだ。

「よかったよね、今の」

あんなに苦労していたのが嘘《うそ》のように、感覚が戻っていた。何度跳《と》んでみても、その感覚はブレなかった。姉妹は笑い合う。

「やった」

「やったね」

その日、真央のトリプルアクセルは、笑顔《えがお》とともに蘇《よみがえ》った。

## オリンピックへの切符《きっぷ》

グランプリファイナルでは、準優勝した安藤美姫《あんどうみき》が日本代表に内定し、鈴木明子《すずきあきこ》も3位の好成績を残していた。この全日本選手権で優勝しなければ、真央のオリンピック出場の夢は完全に消えてしまう。

12月26日、全日本選手権、ショートプログラム。リンクサイドにはジャンナ・フォレ・アシスタントコーチ。ロシア選手権が重なったせいで、タチアナは来日できなかった。

でも、ショートのリンクに立った真央の心にあるのはただ、『仮面舞踏会《かめんぶとうかい》』を最後まで滑《すべ》り切ることだけだった。その姿は、舞踏会《ぶとうかい》に初めて出るときの『初々《ういうい》しさ』、そのものだった。

最初のトリプルアクセルのコンビネーションを降り切る。真央の心がはずむ。次の3回転フリップも、きれいに決まった。

スパイラルでは、自然に笑《え》みがこぼれた。真央がこんなに自然な笑顔《えがお》でいられたのは、このシーズンで初めてのことだった。

ショートプログラム1位。その勢いは、そのまま『モスクワの鐘《かね》』にも持ち込まれた。冒頭《ぼうとう》のトリプルアクセルは完璧《かんぺき》、次のアクセルも、ダブルにして確実に決めた。着実なジャンプ、スピード感溢《あふ》れるスピン、ブレのないスパイラル。気迫《きはく》を込めた怒涛《どとう》のステップシークエンス。『モスクワの鐘《かね》』の力強さを、真央はついに、自分のものにした。

勝ったという喜びよりも、ほっとした気持ちのほうが大きかった。

観客総立ちの大拍手《だいはくしゅ》は、いつまでも鳴りやまない。

第9章

# 復活への道

フォート・キシモト

気迫を込めた力強い演技で、オリンピックへの切符を手にする。2009年12月、全日本選手権、フリー『モスクワの鐘』。

真央は笑顔《えがお》で、「ありがとう」とつぶやいた。キス&クライでも、「ありがとうございました」と頭を下げる。

感謝の気持ちでいっぱいだった。本当に多くの人の応援《おうえん》にささえられて、今の自分がある。それを真央は、改めて実感していた。

総合得点は200点を超《こ》えた。憧《あこが》れの伊藤みどり以来となる、全日本選手権4連覇《れんぱ》。その偉業《いぎょう》を真央は、潤《うる》んだ瞳《ひとみ》と笑顔《えがお》で達成《たっせい》した。

試合後、真央と抱き合った舞は、少しだけ怒った顔をしてみせた。

「もう、ハラハラさせるんだから」

「え?」

「もっとすんなりといけばいいのに、『真央ちゃん大丈夫?』って気にさせてから、『やっぱり真央ちゃんすごかった』って。ドラマ作るのうまいなあ」

「やっぱり?」

舞が笑う。真央も笑った。こうして真央は、文句なしの結果とともに、オリンピックへの切符《きっぷ》を手にしたのだった。

## エレメンツチェック

「今の着氷《ちゃくひょう》、ちょっと怪《あや》しいかなあ。ちょっと見てみようか」

そう言って岡崎真《おかざきまこと》コーチがリンクに上がる。真央も、たった今自分がジャンプした位置に戻っていく。岡崎《おかざき》コーチは、自分のブレードのかかとで真央が踏《ふ》み切った場所から補助《ほじょ》線《せん》を引き、着氷《ちゃくひょう》の場所を真央に確かめさせた。

「これが着氷《ちゃくひょう》ね、よく見て」

真央が目を凝《こ》らす。岡崎《おかざき》コーチが指さす先には、氷の表面に、真央が着氷《ちゃくひょう》したときのエッジの跡《あと》が残っている。ちょうど平仮名《ひらがな》の「つ」のようなエッジの跡《あと》だった。

それは、真央が回転不足のまま着氷《ちゃくひょう》し、氷の上で「グリンコ」をした証拠《しょうこ》である。もっと回転が足りないと平仮名《ひらがな》の「て」の跡《あと》がつく。それよりはましだったけれど、回転不足には変わりなかった。

「うーん、4分の1回転よりも、もっと回れていない感じですよね」

「これだとダウングレードされちゃうね。もう1回跳《と》んでみようか」

「はい」

岡崎《おかざき》コーチがリンクサイドに戻る。真央がもう1度跳《と》ぶ。今度は回転十分。改めて着氷《ちゃくひょう》した場所を確かめるまでもなく、氷にはほぼ直線に近い跡《あと》が残されているはずだ。

「どうでしたか?」

「うん、今のなら大丈夫」

「よし」

オリンピックが1か月半に迫《せま》った2009年末、真央は岡崎《おかざき》コーチのエレメンツチェックを受けていた。スピン、スパイラル、ステップ、ジャンプ。すべての要素で、誰《だれ》が見ても得点が稼《かせ》げるように、岡崎《おかざき》コーチは妥協《だきょう》なく、厳《きび》しくチェックしていった。

ただ、一つだけ例外のエレメンツがあった。トリプルアクセルである。グランプリシリーズのころに比べれば調子の上がっていたトリプルアクセル。それでも、岡崎《おかざき》コーチから見れば、回転が十分だと確実に認定してもらえるものはほとんどなかった。

実は全日本選手権の時点でも、それ以後でも、真央のトリプルアクセルは1日の練習で10本以上跳《と》んで、2、3本しか成功していなかった。最低でも1本は成功させていたが、

第9章
# 復活への道

それでも1本しか決まらない日も多かった。岡崎《おかざき》コーチから見れば、そんな状態の真央が全日本選手権で2本のトリプルアクセルを決めたことは、奇跡《きせき》にも近いことだった。

だから岡崎《おかざき》コーチは、トリプルアクセルへのチェックを少しだけ甘くしていた。回転が少しだけ不足していたときであっても、こんな言い方をした。

「クリーンではなかったけれど、まあセーフかな」

実は岡崎《おかざき》コーチは、真央のトリプルアクセルの不調の原因の一つを見抜いていた。それをアドバイスすることはテクニカルスペシャリストの仕事を逸脱《いつだつ》していたけれど、なんとか真央の力になりたいと考えた。大晦日《おおみそか》の直前、ついに岡崎《おかざき》コーチは意を決した。

「真央ちゃん、ジャンプの前の軌道《きどう》のことなんだけど」

「軌道《きどう》？」

「うん、跳《と》べていたころと今とじゃ、軌道《きどう》が全然違うよ」

「どういうふうに違うんですか」

岡崎《おかざき》コーチは、自分のノートに、踏《ふ》み切りの位置まで、丸に近い曲線を描《えが》いて見せる。

「これが、以前の軌道《きどう》ね。それで、今のはこう」

次に岡崎《おかざき》コーチが描《えが》いた線を見て、真央は目を疑《うたが》った。その線は、ほとんど直線に近い曲線だったからである。これでは、確かに遠心力《えんしんりょく》もジャンプ力も半減してしまう。

それがわかっただけでも、大きな前進だった。しかし、岡崎《おかざき》コーチの図は、曲線か直線かの違いがわかる程度だった。

どのくらい丸く滑《すべ》っていくべきなのかが、体の感覚としてつかめない。自分が以前滑《すべ》っていた軌道《きどう》も、どうしても思い出せなかった。

「先生、どのくらい丸く滑《すべ》ればいいんでしょうかね」

さすがの岡崎《おかざき》コーチにも、それは手にあまる質問だった。トリプルアクセルの跳《と》び方は人によって違うし、それに自分はジャンプの専門家でもない。だから言った。

「だったら、1度、うちのボスに見てもらったらいいかもしれないね」

## 復活

岡崎《おかざき》コーチが言う「うちのボス」とは、岡崎《おかざき》コーチを選手時代から指導《しどう》している河野由《こうのゆ》美《み》コーチのことだった。

河野《こうの》コーチの拠点《きょてん》は福岡《ふくおか》だった。オリンピックを間近に控《ひか》えたこの時期に福岡《ふくおか》に行くことは難《むずか》しい。しかし、ここで真央に、運が味方した。

というのも河野《こうの》コーチがたまたま、指導《しどう》する選手の強化のために、年明けに中京大《ちゅうきょう》アイスアリーナに来ることになっていたのである。

「お願いします、教えてください」

２０１０年１月初旬《しょじゅん》、中京大《ちゅうきょう》を訪れた河野《こうの》コーチに、真央はさっそく頭を下げた。河野《こうの》コーチは真剣《しんけん》な表情で、しばらく口をつぐんだ。

もちろん、岡崎《おかざき》コーチから話は聞いていた。ただ、オリンピックまであと１か月。ここで自分が下手なアドバイスをして本番で失敗させるわけにはいかない。重い責任を感じた。

それでも河野《こうの》コーチは、自分を納得《なっとく》させるように小さく２つうなずいてから、言った。

「わかった。とにかくちょっと、跳《と》んでみて」

真央は何度も跳《と》んでみせた。河野《こうの》コーチは、それを黙《だま》ってじっと見つめた。岡崎《おかざき》コーチから聞いていた通り、確かに真央の入りの軌道《きどう》は、直線に近かった。

「バックアウト（後ろ向き、外側エッジでの滑走《かっそう》）を、もう少し丸くして」

河野《こうの》コーチに言われた通り、半円の軌道《きどう》を少し丸く修正して跳《と》んでみる。すると、体に今までと違う回転を感じた。

「もう少し、丸く」

さらに丸く修正してみる。回転スピードは、さらに上がった。丸くなりすぎればもとに戻し、一番跳《と》びやすい軌道《きどう》を河野《こうの》コーチと探っていった。この軌道《きどう》の修正によって、トリプルアクセルの回転不足は大幅《おおはば》に改善された。

「いい感じです。先生、ありがとうございます！」

河野《こうの》コーチが、小さく「うんうん」とうなずく。実はこのとき、河野《こうの》コーチには、もっと跳《と》びやすい軌道《きどう》が見えていた。しかし、あえてそれは真央に言わなかった。真央にとって必要なのが軌道《きどう》だけではないことを、河野《こうの》コーチは知っていた。それは、真央の自信である。

感触《かんしょく》をつかみつつある真央に、さらに難解《なんかい》なアドバイスをすることは避《さ》けたほうがいい。それに真央はきっと、軌道《きどう》の修正を自分自身でもやってのけるに違いない。

「よかったね、その調子でがんばって」

オリンピック2週間前の大会となる1月下旬《げじゅん》の四大陸選手権。ショート3位で迎えた真央は、フリープログラムでこのシーズンで初めてとなる2回のトリプルアクセルを成功させ、逆転優勝を飾《かざ》った。

オリンピックまでの最後の2週間、真央のそばにタチアナの姿はなかった。メインコーチのいないリンクで、真央は本番を想定しながら滑《すべ》り続けていた。

オリンピック数日前になると、選手たちが次々とバンクーバーへと旅立っていく。それまで真央にアドバイスを送ってくれていたコーチたちも、選手に帯同《たいどう》して中京《ちゅうきょう》大アイスアリーナから姿を消した。気がつくと、滑《すべ》っている選手は真央だけになっていた。

でも真央は、全日本選手権直前のころのように、自分を孤独《こどく》だとは感じていなかった。母がいる。舞がいる。れい子さん（小林）やアシスタントのジャンナ・フォレコーチもいる。それに、これまで自分をささえてくれた、多くの人の思いがある。

出発前の最後の2週間は、またたく間に過ぎた。

「もう、やり残したことは何もない」

それが真央の実感だった。

フォート・キシモト

すべての準備は整った。これまでささえてくれた人の思いを力に、真央はバンクーバーへ向かう。

## 恩返し

出発するその日まで、真央は多くの人たちから力をもらっていた。山田コーチからは「楽しくやりなさい」と励《はげ》まされた。心おきなく練習をさせてくれた中京《ちゅうきょう》大の理事長からも、激励《げきれい》を受けた。

小学校時代の恩師《おんし》である横地《よこち》先生からは、DVDが送られてきた。そのDVDには、懐《なつ》かしい横地先生が、「自分らしくがんばって」と、画面を通して応援《おうえん》してくれた。

バンクーバーの出発前にエッジを研《と》いでくれた小塚《こづか》コーチは、真央の目を見て、「よし、これでもう大丈夫だ」と太鼓判《たいこばん》を押してくれた。

舞は、名古屋《なごや》の熱田神宮《あつたじんぐう》にお参りに行き、必勝祈願《ひっしょうきがん》の「勝守《かちまもり》」をプレゼントしてくれた。

応援《おうえん》してくれる人たちからの、心のこもったファンレターが、数え切れないほど届いた。

それに、最後まで寄《よ》り添《そ》ってくれた母。母はいつだって、自分のそばにいてくれた。はじめは何も知らなかったフィギュアスケートについて猛勉強《もうべんきょう》し、食事からマッサージまで、全力でささえてくれていた。ときには厳《きび》しいことも、あえて言ってくれた。誰《だれ》よりも力強く励《はげ》まし続けてくれた。大好きなスケートを続けてこられたのも母のおかげだった。

それまでの真央は、インタビューで「誰《だれ》かのために滑《すべ》る」という発言を、ほとんどしてこなかった。誰《だれ》かの期待を背負《せお》うことでプレッシャーを感じてしまうのが嫌《いや》だったし、失敗したときに誰《だれ》かのせいになってしまうのが嫌《いや》だった。失敗は自分で背負《せお》う、誰《だれ》かを言いわけにしたくない。それが、真央のスタンスだった。

でも、バンクーバー・オリンピック直前までに受けた多くの励《はげ》ましのおかげで、真央は改めて、自分がみんなにささえられていると実感していた。心は、感謝の気持ちでいっぱいだった。だから出発前には、こんな言葉を語るようになった。

「パーフェクトな演技をして、みんなに恩返しがしたい」

出発の前日、真央は自分の荷物にそっと、亡《な》くなった祖父母《そふぼ》の写真も入れた。力をもらえる気がした。すべての人への感謝を胸《むね》に、真央はバンクーバーへと旅立った。

第10章

# 夢舞台

## 決戦の地

真央がバンクーバーに到着したのは、ショートプログラムの3日前のことだった。飛行機の中ではよぎった不安も、バンクーバー空港に着いたときには楽しさに変わっていた。待ち受ける大勢のマスコミのカメラフラッシュ。詰《つ》めかけたファンの声援《せいえん》。

「ああ、本当に来られたんだ」

幼《おさな》いころから夢に見続けてきた、そしてこの4年間ずっと目標にしてきたオリンピックの地に、真央は立っていた。ワクワクした気持ちが胸《むね》いっぱいに広がっていた。

「このバンクーバーのリンクで、試合のイメージをもって練習したいと思います」

翌日、オリンピック会場となるパシフィック・コロシアムで、真央は氷の感触《かんしょく》と目に映る光景を確かめながら練習した。

その光景は、日本でイメージしていたものとほとんど同じだった。違っていたのは、リンクの真ん中に、オリンピックのロゴが入っていたくらいのものだった。

選手村の雰囲気《ふんいき》は、いつもの試合の控室《ひかえしつ》とは全然違っていた。フィギュアの選手だけでなく、普段会うことのないさまざまな競技の選手たちが、一堂に会している。オリンピックが、自分が想像していたよりもずっと大きな舞台《ぶたい》なんだと、真央は実感した。

持病《じびょう》の治療《ちりょう》で合流が危《あや》ぶまれていたタチアナも2月20日、真央に少し遅れてバンクーバー入りした。本番への準備が、着々と進んでいく。

トリプルアクセルの成功率は、全日本選手権のころと比べても格段に良くなっていた。公式練習では、1回も失敗しなかった。その成功は、真央のこんな考え方にも裏づけられていた。オリンピック前日の心境を、真央はこんなふうに振り返る。

「悔《く》いのない練習をしてきたので、開き直っていましたね。ジャンプについても、マイナスの考え方かもしれないけれど、失敗してもいいから、思い切りいこうと」

思い切り跳《と》べば、成功する確率は当然上がる。たとえ失敗しても、気後《きおく》れして回転不足を取られた場合に減点される点数と、ほとんど変わらない。それに思い切りやれば後悔は残らない。だったら、思い切り跳《と》べばいい。真央はそう考えていた。

真央の滑走順《かっそうじゅん》は、第5グループ、22番目に決まった。それは、キム・ヨナの直前の滑走《かっそう》順《じゅん》だった。専門家は、「いい滑走順《かっそうじゅん》だ、これでキム・ヨナにプレッシャーをかけられる」と分析した。

でも、その滑走順《かっそうじゅん》に、真央はあまり深い意味を感じてはいなかった。心にあるのはただ、自分の最高の演技をするということ、ただそれだけだった。

## パーフェクト

２０１０年2月23日、そのときがやってきた。ショートプログラム22番滑走《かっそう》、自分の名前が呼ばれる前のわずかな時間を、真央は今滑《すべ》り続けている。

パシフィック・コロシアムに真央の名前が響き渡る。

リンクを大きく1周し、両手を広げて歓声《かんせい》に応え、肩《かた》を揺《ゆ》らし、２回エッジを切って中央に立つ。左手を胸《むね》に当て、右手を大きく天に掲《かか》げる。

足は震《ふる》えていた。それでも、予想していたよりは落ち着いていると感じた。自分を信じよう。ゆっくり、ふーっと息を吐《は》く。

『仮面舞踏会《かめんぶとうかい》』が流れ出す。真央の舞踏会《ぶとうかい》の幕開《まくあ》けである。

鍛《きた》え抜かれた優雅《ゆうが》なステップ。そして、丸い曲線のバックアウトから、思い切り高く舞《ま》い上がる。

まずは完璧《かんぺき》なトリプルアクセルのコンビネーション。この瞬間《しゅんかん》、真央は、オリンピック

第10章
夢舞台

でトリプルアクセルを跳《と》んだ、憧《あこが》れの伊藤みどり以来2人目の女子選手となった。

続く3回転フリップも完璧《かんぺき》。高くフリーレッグを掲《かか》げたスパイラルでは、舞踏会《ぶとうかい》を楽しむ初々《ういうい》しい笑顔《えがお》が、指の隙間《すきま》からのぞく。力強いダブルアクセルで、流麗《りゅうれい》なステップで、真央は観客を華やかな舞踏会《ぶとうかい》の世界にいざなった。

両手を広げて最後のポーズを決めたとき、観客は総立ちとなった。それほどに素晴《すば》らしい演技だった。笑顔《えがお》で氷の上を2回跳《は》ねてから、真央は観客の声援《せいえん》に応えた。リンクを降りると、タチアナに苦しいくらい抱きしめられた。

「マラディアツ（素晴《すば》らしいわ）、マラディアツ！」

観客のどよめきを聞いて、真央も目の前のモニターに目を凝《こ》らした。発表されたショートの得点は、キス&クライの真央の目を丸くさせた。73．78ポイント、この究極《きゅうきょく》の場面で、真央はショートのシーズン自己ベストを更新《こうしん》していた。

「すごーい！」

タチアナはもう1度、満面の笑《え》みで真央を抱きしめた。求め続けたパーフェクトな『仮《か》面舞踏会《めんぶとうかい》』が、オリンピックという究極《きゅうきょく》の場面でついに完成した。

aflo

パーフェクトな演技で、観客を魅了する。2010年2月、バンクーバー・オリンピック。ショートプログラム『仮面舞踏会』

## これでいける！

ショートプログラムでトップに立ったのは、真央ではなく、キム・ヨナだった。得点は、真央を5ポイント近く上回る世界最高得点。真央はそれに次ぐ2位。でも、動揺《どうよう》はしていなかった。まだまだ逆転は可能だと思った。だから、記者会見ではこんなふうに語った。

「ショートではいつも、（キム・ヨナに）10点以上も差をつけられていました。5点差なら、追いかけるにはちょうどいい点差だと思います。フリーでは、いつも通りの気持ちでがんばりたいと思います」

フリーの滑走順《かっそうじゅん》は、第4グループ22番滑走《かっそう》に決まった。ショートとは逆に、キム・ヨナの次である。関係者の分析からすれば、これは真央に不利なはずである。しかし真央は「ベストな順番だと思います」と力強く語った。

フリー前日の公式練習で、真央はバンクーバー入りして初めて、トリプルアクセルを失敗する。それでも、「あの失敗で楽になった」と真央は言う。

「よかったって思いましたね。ここで失敗しておいたから、明日は大丈夫かなって。本当にそう思えたんです。あの失敗で、気持ちがふっと楽になったんですよ」

目指すのは当然、金メダルである。そのためにも、まずはノーミスで、パーフェクトな演技をしたかった。そうすれば、結果はあとからついてくる。真央は気持ちを引き締《し》め直し、フリーまでの時間を過ごした。

## 「真央ちゃん、がんばれ！」

2010年2月25日、運命のフリー。真央の滑走《かっそう》が近づいていた。日本中、そして世界中の視線が集まっていた。真央とかかわったすべての人々も、真央の一挙手一投足《いっきょしゅいっとうそく》を熱く見つめていた。

舞は、和田《わだ》マネージャーとともに、観客席から真央を見守った。山田コーチは、樋口《ひぐち》コーチとともに、中京大《ちゅうきょう》の控室《ひかえしつ》のテレビで真央の登場を待った。横地《よこち》先生は、名古屋《なごや》の自宅から。

ひと足先に帰国した小塚《こづか》コーチも、名古屋《なごや》の自宅のテレビで、真央の様子を見つめた。河野《こうの》コーチは、福岡《ふくおか》のリンクのテレビで声援《せいえん》を送った。岡崎《おかざき》コーチは自宅のテレビの前に正座をした。

鈴木明子《すずきあきこ》の演技を見届けた長久保《ながくぼ》コーチは、会場の選手控室《ひかえしつ》のテレビを通じて、小林れい子コーチはリンクに続くゲートから、それぞれ真央を応援《おうえん》していた。

伊藤みどりは名古屋《なごや》でのマスコミ取材中にその様子を見つめた。真央の父は自宅から、祖母《そぼ》は友人たちとともに観客席から、真央に声援《せいえん》を送った。

そして母は、バンクーバーのホテルの部屋から、祈《いの》るような気持ちで真央を見つめ続けていた。この瞬間《しゅんかん》のために、長い長い時間を過ごしてきた。

楽しいことも、苦しいことも、さまざまなことが思い出された。そして娘は今、目指し続けた夢舞台《ゆめぶたい》に立っている。テレビの向こうの娘に向かって、母は祈《いの》るように叫《さけ》んだ。

「真央、がんばれ！」

リンクに向かう真央。その背中を、数え切れないほどの声援《せいえん》が後押《あとお》ししていた。

## 運命の4分間

直前のキム・ヨナの演技を、真央はいっさい見なかった。ヘッドフォンをしているから、歓声《かんせい》もほとんど聞こえない。ヘッドフォンから流れてくるのは、中京《ちゅうきょう》大のリンクで舞と聞いた浜崎《はまさき》あゆみのニューアルバム。心拍数《しんぱくすう》を下げないように、つねに体を動かし続ける。

これまで味わってきた悔《くや》しさを、真央はあえて心に思い浮かべた。

何度も失敗し、涙を流した。あんな思いは2度としたくない。だから、今日こそパーフェクトに滑《すべ》ろう！

「ワーッ」という歓声《かんせい》がヘッドフォンの隙間《すきま》から漏《も》れてくる。キム・ヨナの演技が終わったのだ。真央はヘッドフォンを外し、リンクへと向かった。

いつもと変わらぬルーティン。1周目は両脚《りょうあし》で滑《すべ》り、2周目は片脚《かたあし》で滑《すべ》って、氷の感触《かんしょく》に足をなじませる。そこから振付《ふりつけ》やジャンプの感覚を、丁寧《ていねい》に確認していく。

そのとき、会場がどよめいた。キム・ヨナの驚くべき得点が電光掲示板《でんこうけいじばん》に表示された。

真央はそれを見ない。パーフェクトな演技、ノーミスの滑《すべ》り。

ただそれだけを思っていた。


「マオ・アサダ！」

呼ばれた。

# 第10章 夢舞台

新たな歓声《かんせい》が沸《わ》き上がる。

真央は肩《かた》を揺《ゆ》らし、リンクを大きく1周する。2回エッジを切ってから、リンクの中央に立った。そして最初のポーズ。視線を氷の上に落とし、両腕《りょううで》で肩《かた》を抱きしめる。


ドクン、ドクン、ドクン!

心臓が、破裂《はれつ》しそうなほどに激《はげ》しく鼓動《こどう》していた。


「あ、緊張《きんちょう》してる……」

そう思ったのと、『モスクワの鐘《かね》』の重厚《じゅうこう》なホルンが流れ出したのが同時だった。他人からはほとんどわからないくらいわずかに、スタートが遅れた。

両腕《りょううで》を羽ばたかせて、バックへと勢いをつけた。すぐに曲に追いつくと、「行こう!」という思いが満ち溢《あふ》れた。『モスクワの鐘《かね》』の音の波に乗った。

はじめはトリプルアクセル。スピードに乗って、真央は跳《と》んだ。着氷《ちゃくひょう》と同時に拍手《はくしゅ》が起こる。完璧《かんぺき》なトリプルアクセル、自分でも完璧《かんぺき》に回り切ったと感じた。

でも、それを感じたのは一瞬《いっしゅん》のこと。意識はもう次のトリプルアクセル・コンビネーションへと移っている。丸い曲線の軌道《きどう》に乗って、真央は再び舞《ま》い上がる。

見事な着氷《ちゃくひょう》、文句のないトリプルアクセル・コンビネーションが決まった。

それは、歴史的瞬間《しゅんかん》だった。

女子選手がショートとフリー合わせて3つのトリプルアクセルをオリンピックで決めるという、フィギュアスケート史に残る偉業《いぎょう》の達成《たっせい》である。

シーズン中に苦労した3回転フリップと2回転ループの連続ジャンプも成功、スピンもスパイラルも、続く3回転ループも決まった。真央自身も、「ここまではパーフェクト」と感じていた。

ところが、変化は突然訪れた。次のジャンプの踏《ふ》み切りが、ほんのわずかに遅れた。軸《じく》がぶれ、3連続ジャンプの最初の3回転フリップの着氷《ちゃくひょう》が乱れる。オーバーターンのあとに2つの2回転ループをなんとか加えたが、心は大きく揺《ゆ》れ動いた。

次の3回転トウループまでおよそ10秒、気持ちを立て直すにはあまりに短い時間だった。体勢を整えて助走に入った瞬間《しゅんかん》、今度はブレードのかかとが氷の溝《みぞ》に引っかかった。

第10章

# 夢舞台

フォート・キシモト

運命の4分間。「変化」は突然訪れた。フリー『モスクワの鐘』

ガクンとスピードが落ちる。これでは跳《と》べない、そう判断した真央は次の3回転トウループを1回転に切り替えた。

「ジャンプを2つも失敗してしまった」

泣きそうだった。そこから2秒ほどの短い時間に、真央の頭の中はフル回転した。「どうしよう」「もう1度、3回転を跳《と》ばないと」「でもだめだ、もう跳《と》んじゃったんだ」「曲が鳴ってる、すぐにいかないと」、その最後で思った。「巻き返そう！」。

その先は、失敗の記憶《きおく》も消え、まさに無心《むしん》の演技となった。

ダブルアクセルを決め、コンビネーションスピンを決め、40秒間のストレートラインステップへと一気になだれ込む。

数え切れないほど滑《すべ》り込んでいたから、ステップは考えなくても踏《ふ》むことができた。考えない分、真央の感情はむき出しとなった。自分への怒り、悔《くや》しさ。真央の感情が、ステップの一つひとつにほとばしる。

その圧倒的《あっとうてき》な演技に、観客席は息を呑《の》んだ。真央が求め続けた『人間の力強さ』が、そこにあった。高速のスピンコンビネーションを決め、両手を天に突《つ》き上げた。最後の瞬間《しゅんかん》まで、真央は運命の4分間を精いっぱいの力で滑《すべ》り切った。

## あのとき、何が起こったのか

伊藤みどりは言う。

「オリンピックの重圧というのは、ものすごいものなんですよ。あれはもう、経験したものにしかわかりません。重圧と緊張《きんちょう》で、頭と心と体がバラバラになってしまう。そんな中で、トリプルアクセルを3つも決めたっていうのは、これはもう、とてつもないことなんです」

ほかのエレメンツだって完璧《かんぺき》だった。だからこそ真央は、たった2つのミスが、悔《くや》しくてならなかった。では、この2つのジャンプの失敗は、なぜ起こったのだろうか。

小塚《こづか》コーチは、その原因を、「疲労《ひろう》の蓄積《ちくせき》ではないか」と考えていた。

「どちらもプログラムの後半のジャンプです。精神的にも体力的にも、当然疲労《ひろう》がたまってくる。疲労《ひろう》がたまれば、脚《あし》の動きが鈍《にぶ》くなります」

1つ目の3回転フリップは、後ろへ振り上げた右脚《みぎあし》が十分に上がり切らず、踏《ふ》み切りに勢いがなくなって失敗したのではないか。2つ目の3回転トウループの失敗については、一見《いっけん》氷の凹凸《おうとつ》による影響《えいきょう》は否《いな》めない。しかし、疲労《ひろう》のせいで本人がイメージするよりも上体が起き上がっていて、その体勢のまま無理に左脚《ひだりあし》を振りかぶろうとしたことも、氷に足を取られた原因の一つと考えられる。それが、小塚《こづか》コーチの分析だった。

一方、長久保《ながくぼ》コーチは2つ目の失敗について、こんな分析をしている。

「1つ目のミスで、真央ちゃんは焦《あせ》ったんだと思います。脚《あし》がついてこないままに、体だけが先へ先へと急いでしまった。それで後ろに体重がかかったか、もしくは前に体重がかかりすぎたか、とにかく重心のブレが引き起こされて、氷に対してのブレードの角度が変わった。そのために、かかとが氷に突《つ》き刺《さ》さってしまったんだと私は思いますね」

では、真央自身はどう考えているのか。まず、1つ目の3連続ジャンプの失敗。これを跳《と》ぶ直前、真央には、ある思いがよぎったという。

「あのとき、『これを跳《と》べば9点がもらえる』って思っちゃったんですね。で、踏《ふ》み切りのタイミングがずれてしまったんです」

得点を意識することは、勝ち負けを意識することにほかならない。克服《こくふく》したはずの意識が、オリンピックという大舞台《おおぶたい》の緊張感《きんちょうかん》の中で、再び浮かび上がってきた。そして、勝負の意識によって、3連続ジャンプへの集中力が、瞬間的《しゅんかんてき》に途切《とぎ》れたのである。

では、2つ目の失敗、3回転トウループが1回転になった理由はどこにあったのか。

「次（3回転トウループ）は絶対に決めようって思ってたんです。そのとたん、靴《くつ》が氷に引っかかって。『え、何？』って思って。とっさの判断でした。『これじゃスピードが足りない』って、1回転にしたんです。でも、今考えると、本当は3回転を跳《と》ぶべきだったんだと思います。強気で挑戦《ちょうせん》するべきだった。だから、悔《くや》しかったですね」

## その夜

演技直後のインタビューで「どんな4分間でしたか」と尋《たず》ねられた真央は、「ああ……」とため息をついてから、しばらくの間、絶句《ぜっく》した。そして言った。

「長かったというか、あっという間でした」

演技の最中は、プログラムのことで頭をフル回転させていたから、時間が長く感じた。でも終わってみれば、やっぱりあっという間だった。考えてみると、トリノからの4年間も、あっという間の出来事だった。そう思ったとたん、急に嗚咽《おえつ》がこみ上げた。涙が溢《あふ》れ出して、止まらなくなった。

頭の中の整理がつかない。考えがいっさいまとまらない。記者に何を質問されても、何を聞かれているのかよくわからなかった。だからこのときの真央が嗚咽《おえつ》しながら懸命《けんめい》に語ったのは、心の中で感じていたこと、そのままの言葉だった。

「トリプルアクセルを2回跳《と》べたことはよかったと思います。でも、ジャンプで2つミスしてしまったのは悔《くや》しいです。全然納得《なっとく》していません」

表彰式《ひょうしょうしき》で真央の首にかけられたのは、目指していた金メダルではなく、銀メダルだった。観客の大きく温かな拍手《はくしゅ》に包まれた。嬉《うれ》しさがこみ上げる。けれど悔《くや》しさも消えないまま。言葉では説明できないような、経験したことのないような気持ちが、真央の胸《むね》に突《つ》き上げてくる。

そのあとは、テレビ局の取材など、スケジュールが目白押し。もう泣くのはよそうと思ったけれど、出演したテレビ番組で舞と再会したときはだめだった。

そのときは、二人きりの姉妹に戻ってしまった。舞が泣いている。舞と抱き合いながら、真央は、もう1度「悔《くや》しい」とつぶやいて、泣いた。

このめまぐるしいスケジュールの中で、真央にかけられたのは「おめでとう」「よくやった」というような言葉ばかりだった。「金メダルじゃなくて残念だったね」と言った人は、一人もいなかった。感じることが多すぎて、悔《くや》しがればいいのか喜べばいいのかもわからない。

ようやく落ち着けたのは、午前0時過ぎだった。夕食をとるため日本食レストランに集まったのは、母、舞、和田《わだ》マネージャー、そして真央の4人だけ。最初に口を開いたのは母だった。

「お疲れさま。よくがんばったよ」

真央は言おうとした。金メダルじゃなかったけど、いいの？　けれども、それを言う前に、母は言葉を続けていた。

「真央、金メダルじゃなくたって、すごいんだよ。だってオリンピックだったんだから」

「そう？」

「そうだよ、すごいよ真央、すごかった」

と舞があとを続ける。これでよかったのかもと思えた。

真央はメダルを取り出し、母の首にかけた。母は「ありがとう」と、真央を抱きしめた。そこから先は「がんばったよ」「でも悔《くや》しい」「でも嬉《うれ》しい」そんな会話の繰《く》り返しだった。

ひと言では言い表せない感動が、真央を包んでいた。ずっとこのまま話し続けていたいと思った。この夜が、オリンピックが終わってしまうのが、なんだかもったいない気がした。だから、みんなに言った。

「もう、朝まで話そっか」

ホテルに場所を移しても、話はつきることがなかった。真央にも、母にも舞にも、話したいことがたくさんあった。伝えたい思いがたくさんあった。「悔《くや》しかった」「悲しかった」「嬉《うれ》しかった」。でも何より伝えたい思いは、「ありがとう」だった。

## 2度目の世界女王

真央がバンクーバー・オリンピックで3度のトリプルアクセルを跳《と》んだことは、のちにギネスブックに掲載《けいさい》されるほどの快挙《かいきょ》だった。オリンピックの舞台《ぶたい》で一つのプログラム中2回のトリプルアクセルを跳《と》んだのも、女子選手史上初。この時点で、真央はフィギュアの歴史を塗《ぬ》り替えていた。

塗《ぬ》り替えたといえば、真央の総合得点である。205．50も、国際スケート連盟の記録としては真央の自己ベストだった。つまり真央は、オリンピックという4年に1度の大《おお》舞台《ぶたい》でできることをすべてやり、精いっぱいの力で滑《すべ》り切ったのである。

それでも、悔《くや》しさは消えなかった。何より悔《くや》しかったのは、目標にしていた「パーフェクトな滑《すべ》り」ができなかったことだった。金メダルを獲《と》れなかったことよりも、そのことのほうがずっとずっと悔《くや》しかった。

「このままじゃ、終われない」

そう思った。シーズンの最終戦となる世界選手権では、必ずパーフェクトに滑《すべ》ろう。バンクーバーから帰国したあとの1か月間、真央は悔《くや》しさをばねにして、1日も欠かさず練習を続けた。

イタリア・トリノで開催《かいさい》された世界選手権2010。ショート2位で迎えたフリープログラム。

リンク中央に立って曲を待つ。バンクーバーの重圧を乗り越《こ》えた真央の心は、静けさに包まれていた。あのときのような「ドクン、ドクン」という緊張《きんちょう》の鼓動《こどう》も今はない。

観客席に一瞬《いっしゅん》の静寂《せいじゃく》が降りる。

静かだった。

その静けさに、『モスクワの鐘《かね》』の重厚《じゅうこう》なホルンの響きが広がった。

両腕《りょううで》を大きく羽ばたかせ、真央は勢いよく後方へと滑《すべ》り出した。ステップを交《まじ》えつつ、リンクに大きく弧《こ》を描《えが》く。耳の横を通り過ぎる冷たい風が、ぐんぐん速度を増していく。

1つ目のトリプルアクセルは完璧《かんぺき》、2つ目も見事に着氷《ちゃくひょう》。その後もノーミスの演技が続く。そしてバンクーバーで失敗した2つのジャンプが迫《せま》った。

気負《きお》いはなかった。失敗の記憶《きおく》すら、いっさい蘇《よみがえ》らなかった。真央はただ、跳《と》ぶことだけに集中していた。2つのジャンプは見事に決まった。真央の集中力は、最後まで切れることがなかった。

母は言う。

真央は笑顔《えがお》で生まれてきたと。その笑顔《えがお》を守りたい、そんな母の思いが、すべての始まりだった。

そして、この世界選手権。10代最後の試合を締《し》めくくったのは、2度目の世界女王に輝《かがや》いた真央の、眩《まぶ》しいほどの笑顔《えがお》だった。

エピローグ

# さらなる高みへ

## 17年ぶりのハワイ

2010年4月某日《ぼうじつ》。真央は自宅のパソコンに向かい、インターネットで検索《けんさく》を繰《く》り返していた。どこのレストランがおいしいか、どこでショッピングをするか。気になる情報があったらメモを取った。そのノートには、「ハワイ」と書かれている。

17年ぶりの、ハワイへの家族旅行。それは、真央のスケート人生で初めての、長い休暇《きゅうか》だった。長いといっても1週間ほどだったが、それでも最後にスケート靴《ぐつ》を持たずに旅行したのがいつなのかすら思い出せない真央にとっては、やっぱり長いお休みだった。

「ちょっと真央、それ全部、持っていくの？」

「いいの、全部持っていけば心配ないでしょ」

辞書《じしょ》のように分厚《ぶあつ》いガイドブックを5冊もトランクに詰《つ》め込んだ。「なんだかツアーコンダクターみたいだね」と母も舞もあきれ顔。でも、なんと言われようと、真央はこの旅行を、とことん楽しみたかった。

別の世界に触《ふ》れてみたかった。バンクーバーが終わるまでは、ずっとスケート一色の生活だった。だから、旅行中はスケートのことは忘れて、思いっ切り楽しみたかった。それができるのも、このオフシーズンだけだったからである。

5月、ハワイ。まだスケートに出会う前に歩いた砂浜を、真央は幼《おさな》いころのように、家族で歩いた。あのときと同じ潮風《しおかぜ》が、頬《ほお》を優しくなでる。まるで時間が17年前に戻ってしまったかのようだった。

でも、真央がスケートのことを忘れていられたのは、ほんの数日間だけだった。旅行の最終日には、車で移動している最中に、ついこんな言葉が出てしまった。

「舞、ちょっとスケート靴《ぐつ》、後ろに置いてくれる？」

「靴《くつ》」と言ったつもりだったのに、自然に「スケート靴《ぐつ》」と言ってしまった。そのことで、真央は改めて、自分の思いに気づかされた。

「ああ、やっぱりスケートのことって忘れられないんだな」

このオフには、沖縄《おきなわ》に行って念願《ねんがん》だったダイビングをして、ウミガメと一緒に泳いだりもした。ＤＶＤで『２０１２』や『ノウイング』などの映画を観たり、本を読んだり、それまでやりたくてもやれなかったことに、真央はどんどん挑戦《ちょうせん》した。

でも、それらもすべてスケートのためだった。山田コーチの教え通り、何かに感動すれば絶対にスケートに生かせると、真央は信じていた。どこで何をしていても、真央の心の真ん中には、いつだって大好きなスケートがあるのだった。

## ジャンプの矯正《きょうせい》

ハワイや沖縄《おきなわ》への旅行をのぞけば、真央はバンクーバーシーズンが終わってもほとんど毎日、リンクに上がり続けていた。スケートをやっている時間が、やっぱり最高だった。もちろん目指すのは、次のソチ・オリンピックである。バンクーバー・オリンピックまでの4年間は、あっという間だった。だからきっと、ソチまでもあっという間に違いないと、真央は思っていた。

とはいえ、4年間である。やれることはたくさんあるはずだ。中でもジャンプの矯正《きょうせい》は、この時期にどうしても克服《こくふく》しておきたい課題だった。

長久保《ながくぼ》コーチにジャンプの指導《しどう》をお願いしたのは、そのためだった。もう1度、基礎《きそ》から教わりたい。そうすることでジャンプをもっと安定させたい。それが真央の、新しい挑《ちょう》戦《せん》だった。とくにこだわったのは、ルッツとフリップである。

問題は、踏《ふ》み切りエッジにとどまらない。ジャンプに入るまでの軌道《きどう》、体の姿勢、そして踏《ふ》み切りのタイミング。スケートを習い始めたころのように、練習は1回転から始まった。

「ほら、また腰《こし》が回ってる！」

長久保《ながくぼ》コーチの声がリンクに響く。踏《ふ》み切りの直前、どうしても腰《こし》が先に回り始めてしまう。もう1度、やってみる。長久保《ながくぼ》コーチから見ればまだまだ甘かった。

「跳《と》ぶ前に、体をピタッと止めなさい。もう、息も止めて！」

「はい！」

言われた通り、真央は本当に息を止めて、跳《と》んでみた。少しだけ体が止まる。このときのことを、長久保《ながくぼ》コーチは笑いながら、こんなふうに語った。

「一生懸命《いっしょうけんめい》やっていましたねえ、真央ちゃん。それこそ、僕《ぼく》が『心臓も止めろ』って言ったら、本当に止めていたんじゃないでしょうか」

真央自身も、「もし『心臓を止めろ』って長久保《ながくぼ》先生に言われていたら、本当に止めたと思います」と笑いながら語る。そう言ってしまえるほどに、真央は本気だった。

ただ、ジャンプの矯正《きょうせい》は、口で言うほど簡単ではない。長久保《ながくぼ》コーチによれば、ふつう

1度ついてしまったジャンプのクセは、それまで跳《と》んできたのと同じ回数を跳《と》ばなければ直らないものなのだという。しかし、と長久保《ながくぼ》コーチは続けた。

「真央ちゃんは、本当に努力家です。だから、ふつうよりはずっと短い時間で、きっと直せると思いますよ。だから、2年以内にはなんとかなるんじゃないかな」

されど2年。とすれば、2011‐12シーズンは、迷いの中でジャンプを跳《と》ぶことにもなるのだ。でも、それは覚悟《かくご》のうえだった。

長い時間をかけてでも、どうしてもジャンプを直したい。それはソチを目指すためというより、もっとスケートが上手になりたいという幼《おさな》いころからの姿勢、そのものだった。

## 新たなる体制

2010年夏、真央の新しいコーチが決まった。全日本選手権10連覇《れんぱ》、日本人としては伊藤みどりに続いて世界フィギュアスケート殿堂《でんどう》入りを果たした、佐藤信夫《さとうのぶお》コーチである。

佐藤《さとう》先生がコーチになってくれると聞いた日、真央は佐藤《さとう》コーチの実績を記したシートを何度も見つめて、「すごい、佐藤《さとう》先生、すごい」とはしゃいだ。

佐藤《さとう》コーチには、ずっと習ってみたいと思っていた。数々の有名選手を育て上げた実績。それに外国人コーチと違って、言葉の壁もないし、習うためにわざわざ海外に遠征《えんせい》する必要もない。佐藤《さとう》コーチの存在を、真央はものすごく心強いと感じた。

スケート靴《ぐつ》も変わった。それまで既製品《きせいひん》を履《は》いていた真央は、前シーズン、トリノの世界選手権で2度目の優勝を果たした直後、リスポート本社を訪れ、自分の足形を入念に調べてもらった。今真央が履《は》いているのは、その調査をもとに作り上げられた、真央だけの特注品《とくちゅうひん》。リスポート製の、オーダーメイドのスケート靴《ぐつ》である。

もう一つ、大きな変化があった。母が、真央のスケートから少しだけ、距離をおくことになったのである。その思いを、母は次のように語った。

「今までは、私がなんでも先回りをしているようなところがありました。でも、これからはそうじゃない。一歩引いたところで、真央を眺《なが》めてみようと思うんです。これからは、真央が自分で考えて、自分で決める形です。人間としても、スケーターとしても、真央にはもっと大きくなってほしいんですよ」

門奈《もんな》コーチに始まって、山田コーチ、ラファエル、タチアナ、そして今回の佐藤《さとう》コーチと、真央のコーチは次々と変わってきた。

そんな中で、ずっと変わらず真央をささえ続けてきたのは、いうまでもなく母だった。母がいなくなることは、真央のスケート人生で最大の変化といってもよかった。

でも、真央は思っていた。いつまでも母に甘えているわけにはいかない。もう子どもではない。大人のスケーターとして、もっともっと成長したいと、真央自身も思っていた。

2010年9月25日、真央は20回目の誕生日《たんじょうび》を迎えた。名実《めいじつ》ともに、大人の仲間入りである。その翌日、中京大《ちゅうきょう》アイスアリーナで記者会見。誕生日《たんじょうび》ケーキに立てられた20本のロウソクの火を吹き消して、真央は20歳の抱負《ほうふ》をこんなふうに語った。

「何も変わらないような気もするんですけど、社会人として、ちゃんと自覚を持ちたいと思います。練習でも、自分で決めたことをしっかりやりたい」

でもそれは、20歳になる前からずっと続けてきたことだった。今までも、これからも、新しいことに挑戦《ちょうせん》する。真央はいつでも変わらず、そして変わり続ける。

## 新しい自分への挑戦《ちょうせん》

2010‐11シーズンのプログラムに、真央は対照的な2つの曲を選んだ。ショートは、ラテンのリズム、『タンゴ』。フリーは、真央のエレガントさが際立《きわだ》つ『愛の夢』。エレメンツには、6種類すべてのジャンプを組み込んだ。すべてがリニューアルされた、新しい自分への挑戦《ちょうせん》である。

2010‐11シーズン、はじまりの3試合は、彼女にとっての試練《しれん》となった。ジャパンオープンでも、名古屋開催《なごやかいさい》だったNHK杯でも、そしてフランス大会でも、真央はトリプルアクセルを1度も決められず、不振《ふしん》を極《きわ》めていた。

でも、それらはいうまでもなく、真央の成長の過程でしかない。

シーズン前、真央はシーズンの目標を、「世界選手権でいい演技をすること」にすえていた。ジャンプを一からやり直すことのリスクを十分に見極《みきわ》めたうえでの現実的な目標である。

長くかかると思われたジャンプの矯正《きょうせい》は順調に進んだ。少なくとも練習においては、その精度《せいど》は確実に高まっている。あとはその成果を、試合でいかに発揮《はっき》するかだ。

佐藤《さとう》コーチの指導《しどう》によって、真央のスケーティング技術はさらに上がっている。膝《ひざ》の屈《くっ》伸《しん》運動を抑えて腰《こし》を安定させ、そのことによって、よりなめらかな滑《すべ》りが実現した。それに、真央の表現力の向上には目を見張るものがある。登場しただけで会場の空気を一気に変えてしまうだけの力が、今の真央にはある。

銀メダルだったバンクーバーの悔《くや》しさを、真央は今も忘れてはいない。けれども、それはある意味で、真央にとっての大きな財産である。かつて、真央は言った。

「悔《くや》しいから、もっとがんばれる」

真央が本当に欲しいのは、順位でもメダルでもない。目指しているのは、どこまでも、大好きなスケートをうまくなること。そして、より高度なプログラムで、パーフェクトな演技をすること。バンクーバーでの銀メダルは、そのための大切なステップだったのだ。

グランプリファイナルへの進出は逃《のが》した。それでもスケート関係者は、まったく心配がないと口をそろえた。なぜなら、彼女は浅田真央だからである。

# さらなる高みへ

２０１０年12月25日、小雪舞《ま》う長野県《ながのけん》、ビッグハット。

全日本選手権、ショートプログラム直前の６分間練習で真央が最初に跳《と》んだアクセルジャンプは、タイミングがずれ、跳《と》び上がった瞬間《しゅんかん》に両手がほどけた。

会場にどよめきが広がる。

シーズンのここまでの３試合で、トリプルアクセルはまだ1度も決まっていなかった。

また、同じことが繰《く》り返されるのか。

ショートでは、ダブルアクセルにするかもしれない。前日に真央はそう語っていた。

それは佐藤《さとう》コーチの提案でもあった。

佐藤《さとう》コーチの長い指導《しどう》経験からすれば、ショートを手堅《てがた》くダブルアクセルでいくことは、フィギュアスケートの定石《じょうせき》である。

もしトリプルアクセルを無理に跳《と》んで失敗すれば、プログラム全体が崩《くず》れてしまう。それは、２０１１年３月に行われる世界選手権への出場を逃《のが》すことを意味していた。

６分間練習が３分を過ぎても、彼女はまだダブルアクセルを跳《と》んでいる。今回は、安全策でいくのか。会場全体に、そんな雰囲気《ふんいき》が流れ始めた、そのときだった。

リンクの中央に丸い軌道《きどう》を描《えが》いた真央が、高く舞《ま》い上がった。

トリプルアクセル。着氷《ちゃくひょう》も完璧《かんぺき》。

会場全体の大きな拍手《はくしゅ》を受けながら、彼女はリンクサイドの佐藤《さとう》コーチに滑《すべ》り寄る。佐《さ》藤《とう》コーチは「もう1回」と人差し指を立てた。

うなずいて、もう1度、同じ軌道《きどう》に入る。

またもトリプルアクセル。まるで、先ほどの再現VTRを見るかのような、パーフェクトなジャンプだった。最後にフリップを跳《と》んで、6分間練習は終わった。

控室《ひかえしつ》に向かう途中、真央と佐藤《さとう》コーチはほとんど言葉を交《か》わさなかった。

その控室《ひかえしつ》。口を開いたのは佐藤《さとう》コーチだった。

「今回は、ダブルアクセルでしっかり固めていったほうがいいんじゃないか」

佐藤《さとう》コーチの言う意味は、十分にわかった。トリプルでいけばリスクが伴《ともな》う。

けれども真央はトリプルアクセルを跳《と》びたかった。

プログラムの冒頭《ぼうとう》でトリプルアクセルを跳《と》ばないと気持ちが弱くなってしまう気もした。

その弱気を引きずれば、ほかのジャンプにも影響《えいきょう》してしまう。たとえ失敗しても、思い切って跳《と》んだほうが納得《なっとく》できると感じていた。

それに6分間練習でトリプルアクセルを2回決めたときも、跳《と》ぶ前から、このスピードで、この勢いで跳《と》べば絶対失敗しないという自信があった。

以前の真央ならば、佐藤《さとう》コーチの言葉に従っていたかもしれない。しかし、真央ははっきりと言った。

「トリプルアクセルでいきます」

その目に、佐藤《さとう》コーチははっきりと、真央の意志を見た。跳《と》びたがっている。その勢いにかけ、佐藤《さとう》コーチはうなずいた。

そして、真央は、決めた。

ショートでトリプルアクセルを決めて勢いに乗り、翌日のフリーでもほぼパーフェクトな演技を披露《ひろう》して、世界選手権への出場を手にした。

2011年3月に東京《とうきょう》で行われる世界選手権では、真央自身の連覇《れんぱ》がかかる。そして、世界女王への3度目の挑戦《ちょうせん》。その先にはもちろん、3年後に迫《せま》ったソチ・オリンピックが待ち受けている。

ただ、彼女は今、そのさらに上を見すえている。世界女王もオリンピックでの金メダルも、今の彼女にとっては目標でこそあれ、夢ではない。

彼女の夢。それは、ジャンプもスピンもステップもスパイラルもすべてが完璧《かんぺき》な演技をつねに表現し続けられる、究極《きゅうきょく》のスケーターになることだという。

今日も、そして今この瞬間《しゅんかん》も、浅田真央はリンクの上を一心《いっしん》に滑《すべ》り続けている。彼女にしかたどり着けない、さらなる高みへ向かって。

# あとがき

本書執筆《しっぴつ》のための最後のインタビューは、2010年12月、全日本選手権のフリープログラムの翌朝に行われた。場所はホテルの12階、エレベーター前の小さなスペース。待つこと5分、和田《わだ》マネージャーの「お待たせしました」という明るい声に続いて、彼女が登場する。ピンクのスウェット、そして笑顔《えがお》。いつも通りの自然体である。

話題は、彼女が今回、トリプルアクセルを跳《と》ぶと決めた場面から始まった。

「トリプルアクセルを跳《と》ぶと決めたのは、6分間練習が終わったあとの、控室《ひかえしつ》ですよね。そのときの第一声は、真央さんからだったんですか？」

「いえ、部屋に入ったときに、信夫《のぶお》先生からでしたね。『まあ、今回は、ダブルアクセルでしっかり固めていったほうがいいんじゃないか』って言われたんですよ」

「なるほど」

「でも、跳《と》びたいという気持ちがすごく強くて。調子もすごく良かったし、跳《と》ぶっていう気持ちでずっとやってきましたし。跳《と》べるっていうところをみんなに見てもらいたかった。

それにトリプルアクセルを跳《と》ばないと、気持ちが『引いた気持ち』になってしまう。『引いた気持ち』がほかの部分に影響《えいきょう》するのが、一番こわいなと思っていました」

「攻めの気持ちでいきたいということですね」

「そうですね。強い気持ちでトリプルアクセルを跳《と》べば、ほかの部分も強い気持ちで臨《のぞ》めると思ったので。それに、もしトリプルでいって失敗しても、そっちのほうが納得できるって思ったんですよ。今回はあまり、失敗する気がしなかったので」

「自信があった」

「はい。長野《ながの》に入ってから、上《のぼ》り調子になっていましたから。6分間練習で跳んだときも、『このスピードで、この勢いで跳べば失敗しないな』って思いながら跳んでましたから」

「で、控室《ひかえしつ》で、佐藤コーチに『今回は、ダブルアクセルで』と言われたと。真央さんは何と答えたんですか」

「『トリプルアクセルでいきます』って、答えました」

「きっぱりと」

「そうですね」

以前の彼女なら、佐藤コーチからの『ダブルアクセルを』という提案を、そのまま受け入れていたかもしれない。でも、今は違う。

彼女ははっきりと自己主張をし、そして宣言《せんげん》した通りにトリプルアクセルを決めた。浅田真央は成長した。そして、今も成長を続けている。

「先ほど、『自信があった』という話が出ましたけれども。今の真央さんの表情を見ていると、前の試合のときよりもすごく自信に満ち溢《あふ》れているなと感じるんです。それは、トリプルアクセルに関してだけではなく、スケーターとしてと言いますか」

「全日本選手権までやれることはすべてやったということ、それにオリンピックを乗り越えたことが自信になっていますね。それに、そう、その前から、小さなころからずっとスケートをやってきたっていう。あ、そうそう。原稿《げんこう》、読ませてもらいました」

「あ、そうですか、ありがとうございます」

本書『浅田真央　さらなる高みへ』の読者第1号は、浅田真央本人である。

原稿を渡したのが2010年12月初旬、彼女は全日本選手権までの忙しい練習の合間をぬって、しっかりと原稿に目を通してくれていた。

「どうでした、読んでみて」

「面白かったですよ。この本って自分が生まれたときからのことが、自分の思いも含めてすべて書かれているじゃないですか。だから、『ああそうだ、昔はこんなふうに思ってたなあ』とか『考え方が年々、少しずつ変わってきてるな』とか、改めて気づかされました。それに、印象《いんしょう》に残ってるのは、『ああ、こんなにいろいろやってきたんだな』ってことです。いろいろなことがあって、それらを乗り越えてきたから、今があるんだなって」

彼女は今、20歳である。

物心《ものごころ》ついてからの大半を、フィギュアスケートとともに過ごしてきた。幼《おさな》いころからの夢を次々とかなえてきた。世界女王になり、オリンピックでもトリプルアクセルを3度決めて、銀メダルを獲得《かくとく》した。

残るタイトルは、オリンピックでの金メダル。でも、それはもはや、遠く思い描《えが》く夢というより、たどり着くための道筋《みちすじ》がはっきりと見えている、目標であるに違いない。

では、その先に、彼女は何を見すえているのか。

「真央さん、ご自身の究極《きゅうきょく》の夢ってなんですか」

「究極《きゅうきょく》の夢、ですか」

沈黙《ちんもく》が降りた。彼女は自分に問いかけている。

長い時間が経過した。

すると、廊下《ろうか》のほうから佐藤コーチの声が聞こえた。

「あ、先生、おめでとうございます」

「どうもありがとうございます」

期せずして、インタビューに佐藤コーチが加わった。

佐藤コーチは言った。

「今回の彼女は、本当によくやったと思います。よくぞここまで、という気持ちだけでした。やっぱりすごいなと」

「今、真央さんと『究極《きゅうきょく》の夢』という話をしていたんですが、先生が真央さんに、究極《きゅうきょく》で望んでおられるのはどういうことですか?」

「うーむ。それがどういう形になっていくかは、今はわかっていませんけどね。でも、たとえジャンプを1つ2つミスしても、勝てるような選手になってほしいと思っています」

「今よりもさらに上、ですね」

「ベースになるスケーティングがもっとしっかりとしてくれれば、彼女はもっと上の選手になれる。究極《きゅうきょく》のスケーターになれる。そうなってもらうことが私にとっての夢です」

「先生の夢。真央さんという存在は、佐藤先生にとっての夢だということですか」

「その通りです」

改めて聞いた。

「真央さん、先生はそうおっしゃってますが、真央さんの究極《きゅうきょく》の夢は」

彼女は、少しいたずらっぽくほほえんで言った。

「信夫《のぶお》先生の夢をかなえることが、私の夢です」

一瞬《いっしゅん》、はぐらかされたのかと思った。

しかし、すぐに気づいた。

彼女は、すでに答えを導き出している。佐藤コーチが言った「究極《きゅうきょく》のスケーター」。それを目指すと、彼女は言っていたのだ。

もちろん「究極《きゅうきょく》のスケーター」がどういう形になるのかは、なってみないとわからない。

けれども、彼女は、その夢を追うと力強く宣言《せんげん》した。

## 謝辞

本書を執筆するにあたり、たくさんの方々にインタビューをさせていただきました。ここで改めて、お礼を述べさせていただきます。

真央さんのお母様である匡子さん、真央さん自身も記憶の曖昧なところを丁寧に補っていただいたこと、ありがとうございました。真央さんをここまでずっと支えてこられたお母様の愛情と熱意に、心からの敬意と感謝を申し上げます。

お姉様である舞さん。真央さんへの思いはもちろん、ご自身の辛かったころの経験も隠さず教えてくださったおかげで物語にとても厚みが出ました、ありがとうございました。

山田満知子コーチ、樋口美穂子コーチには、彼女の魅力や才能を存分に教えていただきました。伊藤みどりさんには、真央さんをアスリートの視点から語っていただきました。愛知県スケート連盟の久野剛生先生、それに小学校時代の担任である横地八枝子先生、彼女が幼かったころのお話、興味深く伺いました。越智久美子先生に伺ったバレエ時代の彼女のお話は、彼女の原点を見る思いがしました。

福岡の河野由美コーチ、そしてテクニカルスペシャリストの岡崎真コーチ、バンクーバー・オリンピック直前の彼女の様子を詳細に教えてくださいました、ありがとうございます。

ＩＭＧの和田麻里子マネージャー、今回の執筆にあたり大きな協力をいただいたばかりか、和田さんご自身へのインタビューにも応じていただき、ありがとうございました。

幼いころの真央さんの印象から、今のジャンプについての的確な分析をいただいた長久保裕コーチ、お忙しい中でも快くお答えいただき、感謝申し上げます。

小塚嗣彦コーチには、真央さんの様子だけでなく、スケート靴についての詳しい解説をいただきました。ありがとうございました。

コーチ業に復帰された小林れい子コーチのお話も、本書執筆にあたっての大きなヒントとなりました。ありがとうございました。

自らを「スケートバカ」と自称され、現在の真央さんを「私の夢」と表現された佐藤信夫コーチ。その静かなる情熱、そして傑出したスケート理論、感服いたしました。

遅筆な私に絶えず叱咤激励を下さった学研の皆さま、ありがとうございました。

ほかにも、本書を上梓するにあたり、お世話になった方々、数え上げたらきりがありません。ここでは割愛させていただきますが、心より厚く、熱く御礼申し上げます。

そして最後に、浅田真央さん。

目の回るような忙しさの中で、何度もインタビューに答えていただきまして、ありがとうございました。真央さんの飾らない、素敵な笑顔。そして、その明るさからは想像もつかないほどのひたむきさ。それが何よりの、本書執筆の原動力でした。

本当に、ありがとうございました。

２０１１年春　吉田　順

# 浅田真央　氷上の軌跡

1995年冬〜2010年12月27日

| | |
|---|---|
| 1995年冬 | 友だちとその母と、母と舞と一緒に行ったスケートリンクで、生まれて初めてのスケート体験。 |
| 1997年2月16日 | 愛知県フィギュアスケート選手権大会に出場(はじめての試合) |

## 1998－99シーズン以降の主な大会と成績

### 1998-1999シーズン

1998.7.1-1999.6.30

| 年齢 | 学年 | 年月日 | | | 大会名 | | 開催地 | 得点SP | 順位 | 得点FS | 順位 | 得点総合 | 総合順位 | 備考 |
|---|---|---|---|---|---|---|---|---|---|---|---|---|---|---|
| 8 | 小2 | 1998 | 12 | 12-13 | 第8回 フィギュアスケート・テクニカルコンペティション | ジュニアAクラス(2級) | 名古屋 | | | | | | 1 | FP0.5 |
| 8 | 小2 | 1999 | 3 | 20-22 | 第35回　中部日本フィギュアスケート選手権大会 | 2級クラス | 岡谷市(長野) | | | | | | 1 | FP1.0 |
| 8 | 小3 | 1999 | 5 | 16 | 第11回　フィギュアスケート・パフォーマンスコンペティション(小塚トロフィー) | C級クラス | 長久手町(愛知) | | | | | | 2 | FP2.0 |

### 1999-2000シーズン

1999.7.1-2000.6.30

| 年齢 | 学年 | 年月日 | | | 大会名 | | 開催地 | 得点SP | 順位 | 得点FS | 順位 | 得点総合 | 総合順位 | 備考 |
|---|---|---|---|---|---|---|---|---|---|---|---|---|---|---|
| 9 | 小3 | 1999 | 10 | 16-17 | 第9回　フィギュアスケート・テクニカルコンペティション | Cクラス(3級) | 名古屋市 | | | | | | 1 | FP0.5 |
| 9 | 小3 | 1999 | 11 | 13-14 | 第3回　全日本ノービス選手権大会 | ノービスB | 東京 | | | | | | 6 | FP6.0 |

### 2000-2001シーズン

2000.7.1-2001.6.30

| 年齢 | 学年 | 年月日 | | | 大会名 | | 開催地 | 得点SP | 順位 | 得点FS | 順位 | 得点総合 | 総合順位 | 備考 |
|---|---|---|---|---|---|---|---|---|---|---|---|---|---|---|
| 10 | 小4 | 2000 | 10 | 28-29 | 第4回　全日本ノービス選手権大会 | ノービスB | 千葉 | | | | | | 1 | FP1.0 |
| 10 | 小4 | 2000 | 12 | 8-10 | サンタクロース杯 | ミニノービス | タンペレ(フィンランド) | | | | | | 1 | TFP1.0 |
| 10 | 小4 | 2001 | 2 | 22-24 | ムラドスト・トロフィー | デブス | ザグレブ(クロアチア) | | | | | | 2 | TFP2.0 |
| 10 | 小4 | 2001 | 3 | 3-4 | 愛知県フィギュアスケート選手権大会 | Aクラス | 名古屋 | | 1 | | 1 | | 1 | TFP1.5 |

### 2001-2002シーズン

2001.7.1-2002.6.30

SP『セイ・ヘイ・キッド』 振付／樋口美穂子
FS『インカダンス&アンデス』(クスコ　*アルバム『インカ伝説』より)　振付／樋口美穂子

| 年齢 | 学年 | 年月日 | | | 大会名 | | 開催地 | 得点SP | 順位 | 得点FS | 順位 | 得点総合 | 総合順位 | 備考 |
|---|---|---|---|---|---|---|---|---|---|---|---|---|---|---|
| 11 | 小5 | 2001 | 10 | 27-28 | 第5回　全日本ノービス選手権大会 | ノービスB | 神戸 | | | | | | 1 | FP1.0 |
| 11 | 小5 | 2001 | 11 | 23-24 | 第70回　全日本フィギュアスケートジュニア選手権大会 | ジュニア(特別参加) | 東京 | | 8 | | 6 | | 6 | TFP10.0 |
| 11 | 小5 | 2002 | 3 | 14-16 | ムラドスト・トロフィー | デブス | ザグレブ(クロアチア) | | | | | | 1 | TFP1.0 |

### 2002-2003シーズン

2002.7.1-2003.6.30

SP『セイ・ヘイ・キッド』 振付　樋口美穂子
FS『インカダンス&アンデス』(クスコ　*アルバム『インカ伝説』より　振付／樋口美穂子

| 年齢 | 学年 | 年月日 | | | 大会名 | | 開催地 | 得点SP | 順位 | 得点FS | 順位 | 得点総合 | 総合順位 | 備考 |
|---|---|---|---|---|---|---|---|---|---|---|---|---|---|---|
| 12 | 小6 | 2002 | 10 | 4-6 | 02中部フィギュアスケート選手権大会 | ノービスA | 名古屋 | | — | | 1 | | 1 | FP1.0 |
| 12 | 小6 | 2002 | 10 | 26-27 | 第6回　全日本ノービス選手権大会 | ノービスA | 埼玉 | | — | | 1 | | 1 | FP1.0 |
| 12 | 小6 | 2002 | 11 | 23-24 | 第71回　全日本フィギュアスケートジュニア選手権大会 | ジュニア(特別参加) | 名古屋 | | 3 | | 4 | | 4 | TFP5.5 |

| | | | | | | | | | | | | | | |
|---|---|---|---|---|---|---|---|---|---|---|---|---|---|---|
| 12 | 小6 | 2002 | 12 | 7-8 | 第12回　愛知県テクニカル大会 | ジュニア | 名古屋 | | 1 | | — | | 1 | FP0.5 |
| 12 | 小6 | 2002 | 12 | 20-22 | 第71回　全日本フィギュアスケート選手権大会 | シニア（特別参加） | 京都 | | 9 | | 7 | | 7 | TFP11.5 |
| 12 | 小6 | 2003 | 3 | 8-9 | 平成14年度 愛知県フィギュアスケート選手権 | 選手権女子 | 名古屋 | | 4 | | 3 | | 3 | TFP5.0 |
| 12 | 小6 | 2003 | 3 | 21-23 | 第39回 中部日本選手権大会 | 選手権女子 | 甲府 | | 3 | | 2 | | 2 | TFP3.5 |

## 2003-2004シーズン

2003.7.1-2004.6.30

SP 映画『マイガール2』より（クリフ・エイデルマン）　振付／樋口美穂子
FS 『ワルツ・スケルツォ　ハ長調Op.34』（ピョートル・チャイコフスキー）　振付／樋口美穂子
EX 『ハバネラ』（オペラ『カルメン』より）（ジョルジュ・ビゼー）　振付／樋口美穂子

| 年齢 | 学年 | 年月日 | | | 大会名 | | 開催地 | 得点SP | 順位 | 得点FS | 順位 | 得点総合 | 総合順位 | 備考 |
|---|---|---|---|---|---|---|---|---|---|---|---|---|---|---|
| 13 | 中1 | 2003 | 10 | 3-5 | 03中部フィギュアスケート選手権大会 | ノービスA | 名古屋 | | — | | 1 | | 1 | FP1.0 |
| 13 | 中1 | 2003 | 10 | 25-26 | 第7回　全日本ノービス選手権大会 | ノービスA | 甲府 | | — | | 1 | | 1 | FP1.0 |
| 13 | 中1 | 2003 | 11 | 21-23 | 第72回　全日本フィギュアスケートジュニア選手権大会 | ジュニア | 京都 | | 4 | | 4 | | 4 | TFP6.0 |
| 13 | 中1 | 2003 | 12 | 2-5 | ヘレナ・パフォヴィック・カップ | ノービス | ベオグラード（セルビアモンテネグロ） | | 2 | | 1 | | 1 | TFP2.0 |
| 13 | 中1 | 2003 | 12 | 25-26 | 第72回　全日本フィギュアスケート選手権大会 | シニア | 長野 | | 6 | | 8 | | 8 | TFP11.0 |
| 13 | 中1 | 2004 | 2 | 7-10 | 第24回　全国中学校スケート大会 | 女子A | 群馬 | | 2 | | — | | 2 | FP1.0 |
| 13 | 中1 | 2004 | 3 | 6-7 | 平成15年度 愛知県フィギュアスケート選手権大会 | 選手権女子 | 名古屋 | | 1 | | 1 | | 1 | |
| 13 | 中1 | 2004 | 3 | 13-15 | ムラドスト・トロフィー | ノービス | ザグレブ（クロアチア） | | 1 | | 1 | | 1 | TFP1.5 |
| 13 | 中1 | 2004 | 3 | 20-21 | 第40回 中部日本選手権大会 | 選手権女子 | 軽井沢 | | 2 | | 1 | | 1 | |

## 2004-2005シーズン

2004.7.1-2005.6.30

SP 『虹の彼方に』（映画『オズの魔法使い』より）（ハロルド・アーレン）　振付／リー・アン・ミラー
FS 『風変わりな店』（ジョアキーノ・ロッシーニ／オットリーノ・レスピーギ）　振付／リー・アン・ミラー
EX 『ピック・ユアセルフ・アップ』（映画『スウィング・タイム』より）（ジェローム・カーン）※ヴォーカル　ナタリー・コール　振付／樋口美穂子

| 年齢 | 学年 | 年月日 | | | 大会名 | | 開催地 | 得点SP | 順位 | 得点FS | 順位 | 得点総合 | 総合順位 | 備考 |
|---|---|---|---|---|---|---|---|---|---|---|---|---|---|---|
| 13 | 中2 | 2004 | 9 | 9-12 | ジュニアグランプリアメリカ大会 | ジュニア | ロングビーチ（アメリカ） | 50.14 | 1 | 87.88 | 1 | 138.02 | 1 | |
| 14 | 中2 | 2004 | 9-10 | 30-3 | ジュニアグランプリウクライナ大会 | 〃 | キエフ（ウクライナ） | 56.24 | 1 | 86.75 | 1 | 142.99 | 1 | |
| 14 | 中2 | 2004 | 10 | 29-31 | 第21回　西日本ジュニア選手権大会 | 〃 | 広島 | 56.04 | 2 | 98.21 | 2 | 154.25 | 2 | 1位は舞 |
| 14 | 中2 | 2004 | 11 | 20-21 | 第73回　全日本フィギュアスケートジュニア選手権大会 | 〃 | 大阪 | 54.56 | 1 | 117.57 | 1 | 172.13 | 1 | |
| 14 | 中2 | 2004 | 12 | 2-5 | ジュニアグランプリファイナル | 〃 | ヘルシンキ（フィンランド） | 57.91 | 1 | 114.92 | 1 | 172.83 | 1 | |
| 14 | 中2 | 2004 | 12 | 24-26 | 第73回　全日本フィギュアスケート選手権大会 | シニア | 新横浜 | 60.46 | 4 | 106.36 | 2 | 166.82 | 2 | |
| 14 | 中2 | 2005 | 2 | 6-8 | 第25回　全国中学校スケート大会 | 女子A | 仙台 | | 1 | | — | | 1 | FP0.5 |
| 14 | 中2 | 2005 | 2 | 19-20 | 平成16年度 愛知県フィギュアスケート選手権大会 | ジュニア | 名古屋 | | 1 | | 1 | | 1 | |
| 14 | 中2 | 2005 | 2-3 | 26.3 | 2005世界フィギュアスケートジュニア選手権大会 | 〃 | キッチナー（カナダ） | 60.11 | 1 | 119.13 | 1 | 179.24 | 1 | |
| 14 | 中2 | 2005 | 3 | 25-27 | 第41回　中部日本選手権 | シニア | 名古屋 | 70.81 | 1 | 136.10 | 1 | 206.91 | 1 | |

## 2005-2006シーズン

2005.7.1-2006.6.30

SP 『カルメン』（ジョルジュ・ビゼー） 振付／樋口美穂子
FS 『くるみ割り人形』（ピョートル・チャイコフスキー） 振付 ローリー・ニコル
EX 『虹の彼方に』(映画『オズの魔法使い』より) （ハロルド・アーレン）振付／ローリー・ニコル

| 年齢 | 学年 | 年月日 | | | 大会名 | | 開催地 | 得点SP | 順位 | 得点FS | 順位 | 得点総合 | 総合順位 | 備考 |
|---|---|---|---|---|---|---|---|---|---|---|---|---|---|---|
| 15 | 中3 | 2005 | 11 | 3-6 | 中国杯 〈グランプリシリーズ 中国大会〉 | シニア | 北京(中国) | 62.92 | 2 | 113.68 | 3 | 176.60 | 2 | |
| 15 | 中3 | 2005 | 11 | 17-20 | エリック・ボンパール杯 〈グランプリシリーズ フランス大会〉 | 〃 | パリ(フランス) | 63.96 | 1 | 118.46 | 1 | 182.42 | 1 | |
| 15 | 中3 | 2005 | 12 | 16-18 | グランプリファイナル | 〃 | 東京 | 64.38 | 1 | 125.24 | 1 | 189.62 | 1 | |
| 15 | 中3 | 2005 | 12 | 23-25 | 第74回 全日本フィギュアスケート選手権大会 | 〃 | 東京 | 66.64 | 3 | 121.46 | 3 | 188.10 | 2 | |
| 15 | 中3 | 2006 | 3 | 6-12 | 2006世界フィギュアスケートジュニア選手権大会 | ジュニア | リュブリアーナ(スロベニア) | 56.10 | 2 | 97.25 | 2 | 153.35 | 2 | |
| 15 | 高1 | 2006 | 5 | 14 | ジャパンオープン2006 | 〈チームイベント〉 | 埼玉 | — | — | 125.72 | 1 | 125.72 | 1 | チーム日本1位 |

## 2006-2007シーズン

2006.7.1-2007.6.30

SP 『ノクターン第2番変ホ長調作品9-2』(フレデリック・ショパン) 振付／ローリー・ニコル
FS 『チャルダッシュ』(ヴィットリオ・モンティ) 振付／ローリー・ニコル
EX 『ハバネラ』(オペラ『カルメン』より) （ジョルジュ・ビゼー） 振付／ローリー・ニコル

| 年齢 | 学年 | 年月日 | | | 大会名 | | 開催地 | 得点SP | 順位 | 得点FS | 順位 | 得点総合 | 総合順位 | 備考 |
|---|---|---|---|---|---|---|---|---|---|---|---|---|---|---|
| 16 | 高1 | 2006 | 10 | 15 | キャンベルズ・カップ | 〈チームイベント〉 | シンシナティ(アメリカ) | — | — | 115.36 | 1 | 115.36 | 1 | チーム日本1位 |
| 16 | 高1 | 2006 | 10 | 26-29 | スケートアメリカ 〈グランプリシリーズ アメリカ大会〉 | | ハートフォード(アメリカ) | 68.84 | 1 | 102.39 | 4 | 171.23 | 3 | |
| 16 | 高1 | 2006 | 11-12 | 30-3 | NHK杯 〈グランプリシリーズ 日本大会〉 | | 長野 | 69.50 | 1 | 130.02 | 1 | 199.52 | 1 | |
| 16 | 高1 | 2006 | 12 | 14-17 | グランプリファイナル | | サンクトペテルブルク(ロシア) | 69.34 | 1 | 103.18 | 4 | 172.52 | 2 | |
| 16 | 高1 | 2006 | 12 | 27-29 | 第75回 全日本フィギュアスケート選手権大会 | | 名古屋 | 71.14 | 1 | 140.62 | 1 | 211.76 | 1 | |
| 16 | 高1 | 2007 | 3 | 19-25 | 2007世界フィギュアスケート選手権大会 | | 東京 | 61.32 | 5 | 133.13 | 1 | 194.45 | 2 | |
| 16 | 高2 | 2007 | 4 | 29 | ジャパンオープン2007 | 〈チームイベント〉 | 埼玉 | — | — | 101.47 | 4 | 101.47 | 4 | チーム日本1位 |

## 2007-2008シーズン

2007.7.1-2008.6.30

SP 『ヴァイオリンと管弦楽のためのファンタジア』(ナイジェル・ヘス) 振付／タチアナ・タラソワ
FS 『幻想即興曲』(フレデリック・ショパン)振付／ローリー・ニコル
EX 『ソー・ディープ・イズ・ザ・ナイト(別れの曲)』((フレデリック・ショパン)※ヴォーカル レスリー・ギャレット 振付／ローリー・ニコル

| 年齢 | 学年 | 年月日 | | | 大会名 | | 開催地 | 得点SP | 順位 | 得点FS | 順位 | 得点総合 | 総合順位 | 備考 |
|---|---|---|---|---|---|---|---|---|---|---|---|---|---|---|
| 17 | 高2 | 2007 | 10 | 6-7 | 日米対抗フィギュア2007 | 〈チームイベント〉 | 新横浜 | 60.42 | 1 | — | — | 60.42 | 1 | チーム日本2位 |
| 17 | 高2 | 2007 | 11 | 1-4 | スケートカナダ 〈グランプリシリーズ カナダ大会〉 | | ケベックシティ(カナダ) | 58.08 | 3 | 119.58 | 1 | 177.66 | 1 | |
| 17 | 高2 | 2007 | 11 | 15-18 | エリック・ボンパール杯 〈グランプリシリーズ フランス大会〉 | | パリ(フランス) | 56.90 | 1 | 122.90 | 1 | 179.80 | 1 | |
| 17 | 高2 | 2007 | 12 | 13-16 | グランプリファイナル | | トリノ(イタリア) | 59.04 | 6 | 132.55 | 1 | 191.59 | 2 | |
| 17 | 高2 | 2007 | 12 | 26-28 | 第76回 全日本フィギュアスケート選手権大会 | | 大阪 | 72.92 | 1 | 132.41 | 2 | 205.33 | 1 | |
| 17 | 高2 | 2008 | 2 | 11-17 | 2008 四大陸フィギュアスケート選手権大会 | | ゴヤン(韓国) | 60.94 | 1 | 132.31 | 1 | 193.25 | 1 | |
| 17 | 高2 | 2008 | 3 | 17-23 | 2008世界フィギュアスケート選手権大会 | | イエテボリ(スウェーデン) | 64.10 | 2 | 121.46 | 2 | 185.56 | 1 | |

| 年齢 | 学年 | 年月日 | | | 大会名 | | 開催地 | 得点SP | 順位 | 得点FS | 順位 | 得点総合 | 総合順位 | 備考 |
|---|---|---|---|---|---|---|---|---|---|---|---|---|---|---|
| 17 | 高3 | 2008 | 4 | 20 | ジャパンオープン2008 | 〈チームイベント〉 | 埼玉 | — | — | 128.03 | 1 | 128.03 | 1 | チーム日本1位 |

## 2008-2009シーズン

2008.7.1-2009.6.30

SP『月の光』(クロード・ドビュッシー)　振付／ローリー・ニコル
FS『仮面舞踏会』(アラム・ハチャトゥリアン)　振付／タチアナ・タラソワ
EX『ポル・ウナ・カベーサ/パジャドーラ』(カルロス・ガルデル/フリアン・プラサ)　振付／タチアナ・タラソワ
EX『シング・シング・シング』(ルイ・プリマ)　振付／ローリー・ニコル

| 年齢 | 学年 | 年月日 | | | 大会名 | | 開催地 | 得点SP | 順位 | 得点FS | 順位 | 得点総合 | 総合順位 | 備考 |
|---|---|---|---|---|---|---|---|---|---|---|---|---|---|---|
| 18 | 高3 | 2008 | 11 | 13-16 | エリック・ボンパール杯〈グランプリシリーズ　フランス大会〉 | | パリ(フランス) | 58.12 | 2 | 109.47 | 2 | 167.59 | 2 | |
| 18 | 高3 | 2008 | 11 | 27-30 | NHK杯〈グランプリシリーズ　日本大会〉 | | 東京 | 64.64 | 1 | 126.49 | 1 | 191.13 | 1 | |
| 18 | 高3 | 2008 | 12 | 10-14 | グランプリファイナル | | ゴヤン(韓国) | 65.38 | 2 | 123.17 | 1 | 188.55 | 1 | |
| 18 | 高3 | 2008 | 12 | 25-27 | 第77回　全日本フィギュアスケート選手権大会 | | 長野 | 65.30 | 2 | 117.15 | 2 | 182.45 | 1 | |
| 18 | 高3 | 2009 | 2 | 2-8 | 2009四大陸フィギュアスケート選手権大会 | | バンクーバー(カナダ) | 57.86 | 6 | 118.66 | 1 | 176.52 | 3 | |
| 18 | 高3 | 2009 | 3 | 22-29 | 2009世界フィギュアスケート選手権大会 | | ロサンゼルス(アメリカ) | 66.06 | 3 | 122.03 | 4 | 188.09 | 4 | |
| 18 | 大1 | 2009 | 4 | 16-19 | 世界フィギュアスケート国別対抗戦2009 | 〈チームイベント〉 | 東京 | 75.84 | 1 | 126.03 | 1 | 201.87 | 1 | チーム日本3位 |

## 2009-2010シーズン

2009.7.1-2010.6.30

SP『仮面舞踏会』(アラム・ハチャトリアン)　振付／タチアナ・タラソワ
FS 前奏曲『鐘』(セルゲイ・ラフマニノフ)　振付／タチアナ・タラソワ
EX『カプリース』(ニコロ・パガニーニ)　振付／タチアナ・タラソワ

| 年齢 | 学年 | 年月日 | | | 大会名 | | 開催地 | 得点SP | 順位 | 得点FS | 順位 | 得点総合 | 総合順位 | 備考 |
|---|---|---|---|---|---|---|---|---|---|---|---|---|---|---|
| 19 | 大1 | 2009 | 10 | 3 | ジャパンオープン2009 | 〈チームイベント〉 | 埼玉 | — | — | 102.94 | 3 | 102.94 | 3 | チーム日本3位 |
| 19 | 大1 | 2009 | 10 | 15-18 | エリック・ボンパール杯〈グランプリシリーズ　フランス大会〉 | | パリ(フランス) | 58.96 | 3 | 115.03 | 2 | 173.99 | 2 | |
| 19 | 大1 | 2009 | 10 | 22-25 | ロステレコムカップ〈グランプリシリーズ　ロシア大会〉 | | モスクワ(ロシア) | 51.94 | 6 | 98.34 | 5 | 150.28 | 5 | |
| 19 | 大1 | 2009 | 12 | 25-27 | 第78回　全日本フィギュアスケート選手権大会 | | 大阪 | 69.12 | 1 | 135.50 | 1 | 204.62 | 1 | |
| 19 | 大1 | 2010 | 1 | 25-30 | 2010四大陸フィギュアスケート選手権大会 | | チョンジュ(韓国) | 57.22 | 3 | 126.74 | 1 | 183.96 | 1 | |
| 19 | 大1 | 2010 | 2 | 12-28 | 第21回バンクーバー冬季オリンピック | | バンクーバー(カナダ) | 73.78 | 2 | 131.72 | 2 | 205.50 | 2 | |
| 19 | 大1 | 2010 | 3 | 22-28 | 2010世界フィギュアスケート選手権大会 | | トリノ(イタリア) | 68.08 | 2 | 129.5 | 2 | 197.58 | 1 | |

## 2010-2011シーズン

2010.7.1-2011.6.30　★2010年12月まで

SP『タンゴ』(アルフレット・ガリエヴィチ・シュニトケ)　振付／タチアナ・タラソワ
FS『愛の夢』(フランツ・リスト)　振付／ローリー・ニコル
EX『バラード第1番ト短調』(フレデリック・ショパン)　振付／タチアナ・タラソワ

| 年齢 | 学年 | 年月日 | | | 大会名 | | 開催地 | 得点SP | 順位 | 得点FS | 順位 | 得点総合 | 総合順位 | 備考 |
|---|---|---|---|---|---|---|---|---|---|---|---|---|---|---|
| 20 | 大2 | 2010 | 10 | 2 | ジャパンオープン2010 | 〈チームイベント〉 | 埼玉 | — | — | 92.44 | 5 | 92.44 | 5 | チーム日本1位 |
| 20 | 大2 | 2010 | 10 | 22-24 | NHK杯〈グランプリシリーズ　日本大会〉 | | 名古屋 | 47.95 | 8 | 85.45 | 8 | 133.40 | 8 | |
| 20 | 大2 | 2010 | 11 | 26-28 | エリック・ボンパール杯〈グランプリシリーズ　フランス大会〉 | | パリ(フランス) | 50.10 | 7 | 97.92 | 5 | 148.02 | 5 | |
| 20 | 大2 | 2010 | 12 | 25-27 | 第79回　全日本フィギュアスケート選手権大会 | | 長野 | 66.22 | 1 | 127.47 | 2 | 193.69 | 2 | |

参考資料：ISU公式ホームページ、「Brilliance On Ice」(浅田真央・舞公式サイト)
資料提供：愛知県スケート連盟

## 浅田真央（あさだ　まお）

1990年9月25日、愛知県生まれ。5歳でフィギュアスケートを始める。2002年、弱冠12歳でシニアの全日本選手権に出場。2005年、世界ジュニア選手権、初出場・初優勝。同年、グランプリシリーズでファイナルに進出、史上最年少でファイナルを制覇する。2008年には、世界選手権で優勝し、日本人としては史上最年少の世界女王となる。2009年の全日本選手権で4連覇を達成。初のオリンピック出場を決める。2010年のバンクーバー・オリンピックでは、銀メダル獲得。オリンピックという大舞台ではもちろん、1競技会で3回のトリプルアクセル成功は、女子シングル史上初の快挙である。直後に行われた世界選手権で、日本人初2度目の世界女王の座につく。2014年のソチ・オリンピックで、悲願の金メダルをめざす。


浅田真央　さらなる高みへ
2011年2月25日　初版第1刷発行
2011年4月1日　第4刷発行

著者　吉田 順
発行人　土屋 徹
編集人　伊川龍郎

発行所　株式会社 学研教育出版　141-8413　東京都品川区西五反田2-11-8
発売元　株式会社 学研マーケティング　141-8415　東京都品川区西五反田2-11-8

DTP　株式会社 明昌堂
印刷所　岩岡印刷株式会社
製本所　株式会社 若林製本

企画編集協力　IMG





ご購入・ご注文は、お近くの書店様へお願いいたします。
この本についてのご質問・ご要望は

| | |
|---|---|
| 内容に関すること | 編集部直通（03）6431-1580 |
| 在庫・不良品（乱丁・落丁等）に関すること | 販売部直通（03）6431-1197 |
| アンケートハガキの個人情報に関しては | 学参・辞典出版事業部（03）6431-1191 |
| それ以外に関すること | お客さまセンター<br>文書　〒141-8418　東京都品川区西五反田2-11-8<br>『浅田真央　さらなる高みへ』係<br>電話　(03)6431-1002 |